TRAVEL GUIDEBOOK

五木寛之の百寺巡礼 ガイド版

第一巻 奈良

講談社

五木寛之の百寺巡礼 ガイド版

第一巻 奈良

◉目次

第一番 室生寺
多くの寺が女人禁制だった時代にも、女性を慈悲深く受け入れてきた「女人高野」 10

第二番 長谷寺
初瀬山の中腹に広がる壮大な寺院。古くからの聖地で、『源氏物語』や『万葉集』にも登場する 32

第三番 薬師寺
昭和の終わりから平成にかけて千三百年前の伽藍が蘇った。白鳳美術そのままの世界だ 52

第四番 唐招提寺
十二年もの歳月をかけ来日し、わが国に正式な戒律を伝えた鑑真和上創建の寺 70

広域図……5
交通案内……6
宿泊案内……208
索引……210

第五番 秋篠寺
緑と苔と樹木の向こうに本堂が座り、伎芸天立像をはじめ多くの仏像が瞑想している 90

第六番 法隆寺
斑鳩に理想郷を求めた聖徳太子が、最高の職人と技術によって建設した世界最古の木造建築群 102

第七番 中宮寺
皇室ゆかりの尼寺。世界三大微笑像の一つ、弥勒菩薩半跏像が参詣者を迎える 116

第八番 飛鳥寺
本尊は日本最古の仏像「飛鳥大仏」。明日香の里で千四百年の歴史を刻みながら、今も静かに佇む 130

第九番 當麻寺
當麻寺の門をくぐれば、そこは物語の世界である。中将姫伝説や二上山の物語が息づく 146

第十番 東大寺
奈良時代における国家的大事業のシンボル。本尊「奈良の大仏さん」は、三千世界の中心仏 170

●散策のヒント
五木さんのおすすめスポット

室生寺周辺……26
長谷寺周辺……50
西ノ京……87
秋篠寺周辺……100
斑鳩……126
明日香……138
當麻寺周辺……166
奈良市街……196

私たちのこころのふるさとは
どこにあるのか。
それを探しに今日も旅に出ます。
百寺巡礼。
日本列島の北から南まで、
二年間に百の寺を訪ねる旅です。
その旅の終わりに
何が見えてくるのか。
風に吹かれて、
今日も寺への道を歩きます。

五木寛之

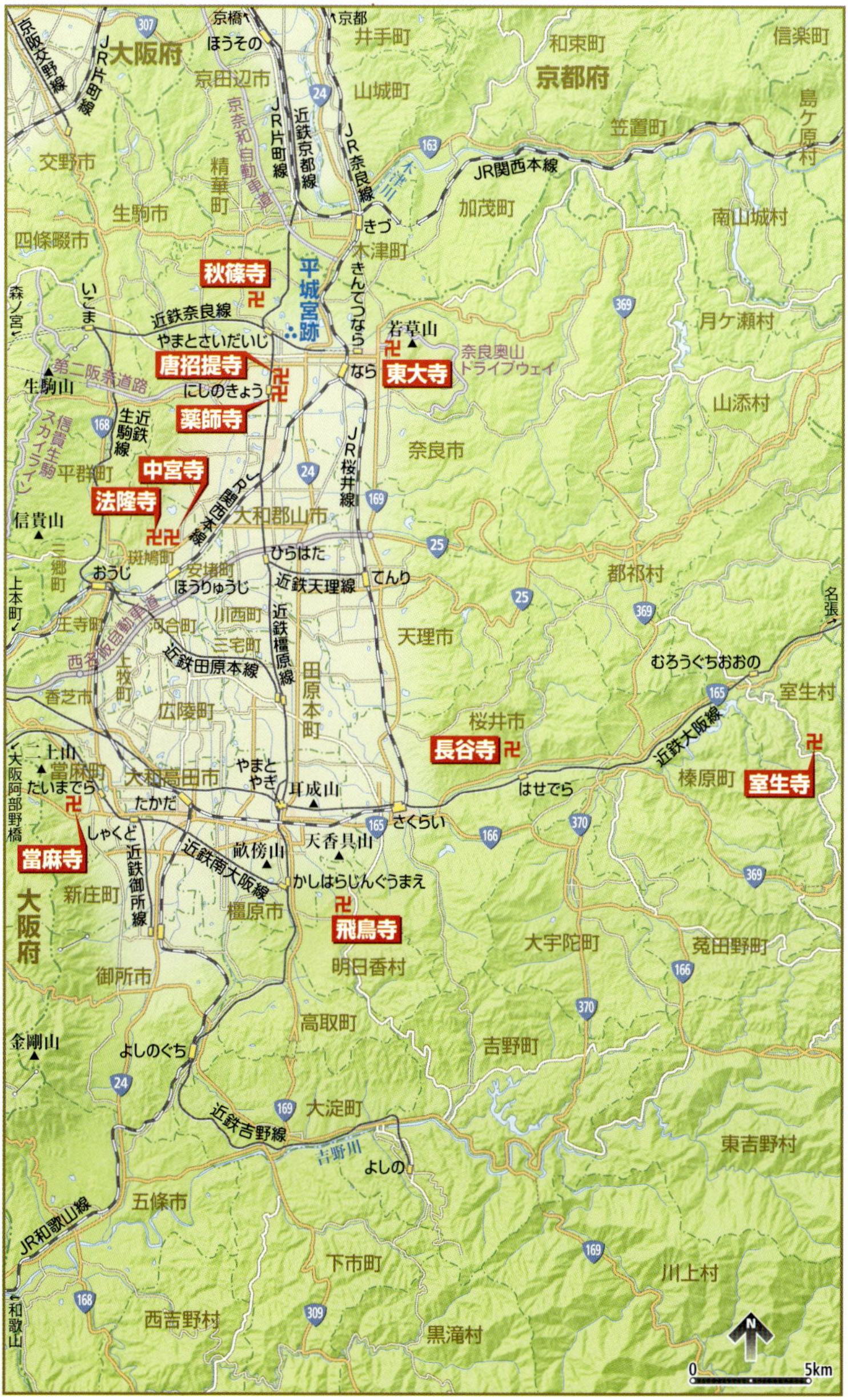
大阪府
京都府
京阪交野線
JR片町線
京橋
ほうその
京田辺市
京都
井手町
和束町
信楽町
山城町
京奈和自動車道
JR片町線
近鉄京都線
JR奈良線
笠置町
島ケ原村
交野市
精華町
木津川
JR関西本線
加茂町
生駒市
四條畷市
きづ
木津町
南山城村
秋篠寺
平城宮跡
きんてつなら
森ノ宮
いこま
近鉄奈良線
若草山
月ケ瀬村
やまとさいだいじ
唐招提寺
奈良奥山ドライブウェイ
第二阪奈道路
生駒山
にしのきょう
なら
東大寺
山添村
信貴生駒スカイライン
生駒線
近鉄生駒線
薬師寺
JR桜井線
平群町
中宮寺
奈良市
法隆寺
JR関西本線
信貴山
大和郡山市
三郷町
斑鳩町
ひらはた
おうじ
安堵町
ほうりゅうじ
近鉄天理線
てんり
都祁村
上本町
王寺町
西名阪自動車道
河合町
川西町
近鉄橿原線
天理市
三宅町
名張
近鉄田原本線
田原本町
むろうぐちおおの
上牧町
香芝市
広陵町
室生村
桜井市
近鉄大阪線
二上山
大阪阿部野橋
當麻町
たいまでら
大和高田市
やまとやぎ
長谷寺
室生寺
榛原町
たかだ
耳成山
はせでら
さくらい
しゃくど
近鉄御所線
畝傍山
天香具山
當麻寺
近鉄南大阪線
かしはらじんぐうまえ
新庄町
橿原市
大阪府
飛鳥寺
大宇陀町
菟田野町
明日香村
御所市
高取町
吉野町
金剛山
よしのぐち
大淀町
近鉄吉野線
東吉野村
吉野川
よしの
五條市
JR和歌山線
下市町
川上村
和歌山
西吉野村
黒滝村
N
0
5km

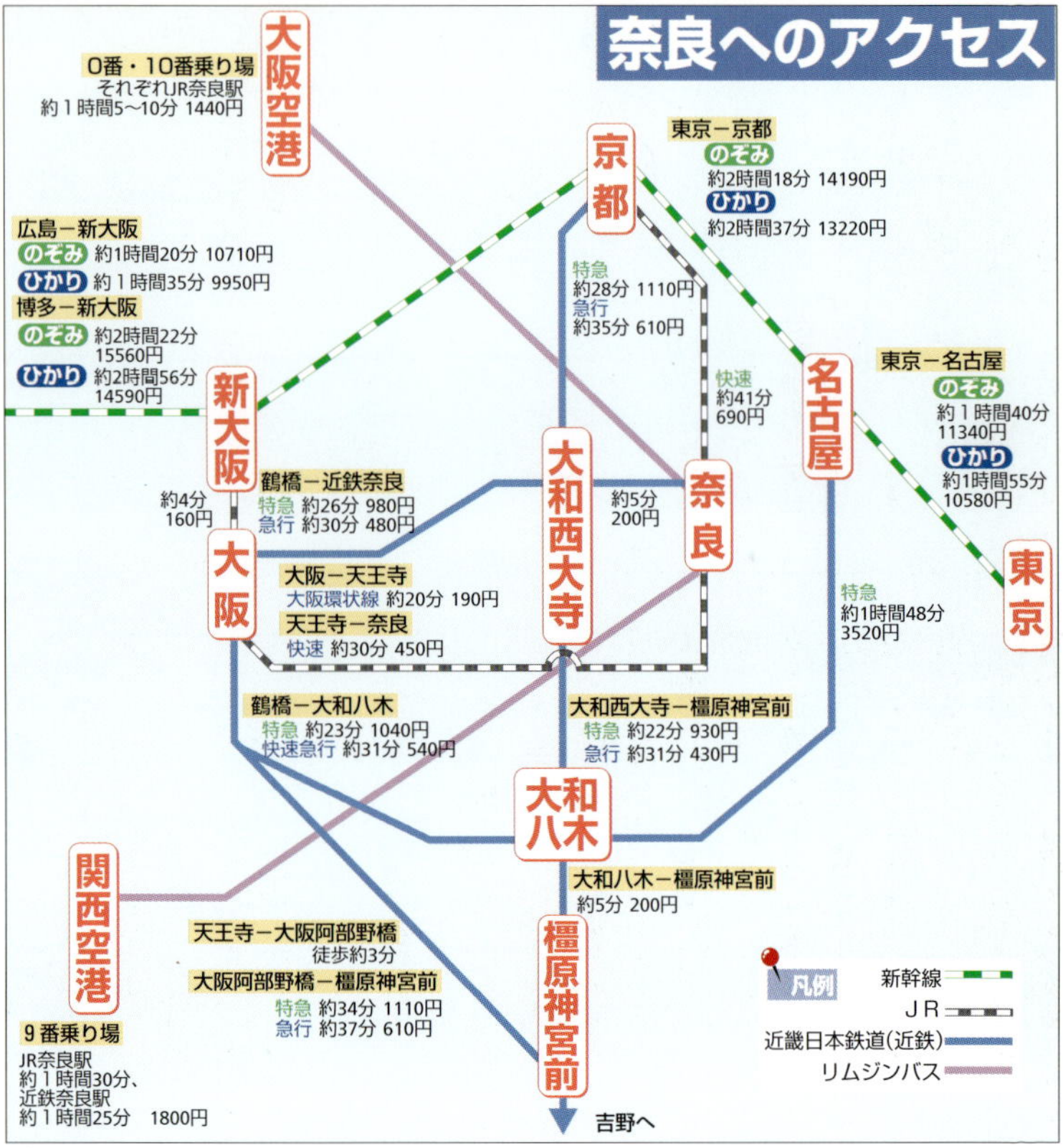

交通案内

●京都を拠点にする方法も

各地から奈良へ向かう公共交通機関は、名古屋・京都・大阪からそれぞれ延びている近鉄電車か、同じように各都市間を結んでいるJRだ。

東京〜京都からは、京都駅から奈良方面へ向かう近鉄特急が便利。県内各地への乗り継ぎの便もよい。また、JRも京都〜奈良駅の間は快速が運行。その利便性を活かして、「京都泊で奈良観光」というのもいい。

大阪からは近鉄やJRが奈良県内の各方面に延びている。また関西空港と大阪空港からはそれぞれ奈良行きの直通バスがある。

名古屋からは近鉄大阪線が走っており、室生・長谷・當麻の各寺へ向かうルートにもなっている。

東京・京都・大阪から　お得な割引きっぷを利用する

東京・京都・大阪などから奈良に向かう場合、往復乗車券に加えて指定区間内が乗り放題になる割引きっぷ・周遊券などが便利だ。通常運賃よりも割安になる場合が多く、移動のたびに切符を購入する手間も省くことができる。

奈良・大和路フリーきっぷ

首都圏から奈良へ旅行する際に、もっともスタンダードな周遊券。

東京都区内・横浜市内から奈良フリー区間へのJR往復乗車券に加えて、区間内のJR、近鉄電車、奈良交通バスの乗り降りが自由となる。

八日間有効で東京都区内からは一万七一四〇円、横浜市内からは一万六五二〇円。新幹線や特急を利用する場合は別途特急券が必要だが、東京~奈良の往復運賃は一万七〇二〇円。つまり通常の料金とほぼ同額で奈良周遊の〝おまけ〟がつくというわけだ。詳細はJR東日本（☎03・3212・4441）へ。

奈良大和路ポケットパス

大阪・京都・名古屋の各方面からフリー区間までの近鉄電車往復乗車券に、フリー区間内の近鉄電車・奈良交通バスの乗り放題をセット。奈良県内のほぼ全域で利用可能な「ワイドフリー」のほか、「奈良・西の京・斑鳩フリー」、「飛鳥フリー」、「室生・長谷・飛鳥フリー」、「山の辺コース」と五種類のフリー区間が設定されている。

さらに各エリアごとに電車のみ、電車＋バス、電車＋レンタサイクルの三コースを設けており、目的に応じて選べる。有効期間は二日間で、ワイドフリー京都発・電車のみ利用で二五一〇円、同・電車＋バスで三七八〇円。詳細は近鉄旅客案内テレフォンセンター（☎06・6771・3105）へ。

奈良の遊々きっぷ

東京~名古屋と京都との新幹線往復に加えて、京都からフリー区間内の近鉄電車（特急料金は別途必要）と奈良交通バスが乗り降り自由に。有効期間は四日間。新幹線はのぞみ・ひかり・こだまや座席を選択でき、東京発のぞみ普通車利用で二万八八〇〇円、ひかり・こだま利用で二万六九〇〇円。詳細はJR東海（☎03・5818・3510）へ。

奈良県内の交通手段

■電車

奈良県内を運行しているのは、JRと近畿日本鉄道（近鉄）の二社。京都や大阪からはJRと近鉄が、名古屋からは近鉄が延びている。

とくに日本最長の私鉄である近鉄は、奈良県内でさまざまな路線を運行している。その拠点となるのが大和西大寺駅だ。同駅からは路線が京都・大阪・奈良・吉野の四方向に向かっており、常に乗り換え客でごった返している。

そこから南下する橿原線は、奈良の中心を貫き、観光客がもっとも利用する路線だ。途中には薬師寺や唐招提寺のある西ノ京や、大阪・名古屋への乗り換え駅である大和八木があり、終点は飛鳥観光の拠点となる橿原神宮前。そこでさらに吉野線と南大阪線に接続している。

また、奈良観光でもっとも注意したいのが奈良駅での乗り換え。JR奈良駅と近鉄奈良駅は徒歩で十五分ほど離れている。同じ駅前でも近鉄の方がJRより栄えており、奈良公園にも近い。しかし最近はJRの駅前も再開発などが進んでいる。

■バス

県内をカバーするのが奈良交通バス。JR・近鉄の各奈良駅前にはターミナルがあり、奈良市内を走るバスのほとんどは両駅を経由。そのほかにも県内の主要な駅を結んで運行している。ただし路線数が多くて複雑なうえ、一日の本数が少ない路線もある。奈良交通のホームページで

(社)奈良県観光連盟……☎0742(23)8288　http://www.nara-kankou.or.jp/
(社)奈良市観光協会……………………………………☎0742(27)8866
ＪＲ奈良駅観光案内所…………………………………☎0742(22)9821
近鉄奈良駅観光案内所…………………………………☎0742(24)4858
奈良市観光情報センター………………………………☎0742(22)3900
http://www1.sphere.ne.jp/naracity/
ＪＲ東海……………………☎03(5818)3510(東京)　☎06(6452)3730（大阪）
http://www.jr-central.co.jp/
ＪＲ西日本……☎06(6345)8466(大阪支社)　☎078(382)8686(案内センター)
http://www.westjr.co.jp/
近畿日本鉄道（近鉄）………☎06(6771)3105　http://www.kintetsu.co.jp/
奈良交通 ………………☎0742(20)3100　http://www.narakotsu.co.jp/

は時刻の確認もできるので、余裕があれば事前にチェックしておきたい。

また、観光地を回る定期バス・循環バスもある。「世界遺産ぐるっとバス」は東大寺や薬師寺、唐招提寺といった奈良市内の世界遺産を循環。一日八〇〇円で乗り降り自由だ。また、奈良町を中心に走る一〇〇円均一の「ならまちバス」も人気だ。

■車・タクシー

車で奈良に入る場合は、大阪から延びる西名阪自動車道と、京都から奈良を経由して和歌山へと抜ける国道24号、大阪・奈良・三重を結ぶ国道25号などが主なルート。

県内の道路は細くて一方通行が多い。また、幹線道路でも奈良市街を少し外れると片側一車線の道路がほとんど。国道24号などは慢性的に渋滞しており、車での観光はあまりすすめられない。

とはいえ、少し駅を離れると、やはり車での移動が便利。各タクシー会社では観光タクシーを運行しており、短時間で効率的に観光をするには最適だ。料金の目安は中型タクシー使用の場合、奈良市街を巡る所要三時間のコースで一万二〇〇〇～一万七〇〇〇円といったところ。

■レンタサイクル

奈良市街や斑鳩、明日香は狭い範囲に見どころが集中している。どの一帯も起伏が少なく、自転車で回るのにぴったりなエリアだ。

それだけに駅前などにはレンタサイクル店も多い。料金は一日で一〇〇〇円ほど。のどかな里をゆったり自転車で回るのもおもしろい。（一三九ページ参照）

奈良県タクシー協会……☎0742(61)7193
奈良近鉄タクシー……☎0742(23)1181 http://www.narakintaxi.co.jp/
大和交通……☎0742(22)7171 http://www.yamatokotsu.co.jp/
服部タクシー……☎0742(22)5521
帝産キャブ奈良 ……☎0742(33)7733
三都交通 ……☎0742(43)2801 http://www 3 .kcn.ne.jp/~sant4144/
橿原タクシー……☎0744(22)2828 http://www 1 .citydo.com/~taxi/
駅レンタカー関西奈良営業所…☎0742(26)3929 http://www.ekiren.com/
ニッポンレンタカー近鉄奈良駅前営業所……☎0742(24)5701
http://www.nipponrentacar.co.jp/
マツダレンタカー奈良店…☎0742(62)1238 http://www.mazda-rentacar.co.jp/
近畿レンタカーサービス奈良営業所……☎0742(62)1138

第一番

室生寺

むろうじ

【宗　派】真言宗《しんごんしゅう》室生寺《むろうじ》派《は》大本山《だいほんざん》
【山　号】宀一山《べんいちさん》
【所在地】奈良県宇陀郡《うだぐん》室生村《むろうむら》七八

多くの寺が女性の立ち入りを許さなかった時代にも、女性を慈悲深く受け入れてきた寺。

徹底した女人禁制《にょにんきんせい》の高野山《こうやさん》に対比して、「女人高野《にょにんこうや》」と呼ばれる。

表門から奥の院までの七百段の石段は、女性には決して楽ではない。

しかし、昔から多くの女性がお参りし、慰《なぐさ》めと勇気を与えられた。

風の音と川のせせらぎが都会人の疲《つか》れた心に生気を吹きこむ。

仁王門をくぐると左に見えるのが鎧坂。
長い石段が訪れる者を静かに迎える

歴史　閉ざされた環境が室生寺を育てた

天武《てんむ》十（六八一）年、天武天皇が修験者《しゅげんじゃ》役小角《えんのおづぬ》にこの寺を創建させたという伝説がある。しかし、それを裏づけるような史実は存在しない。

史実による限りでは、宝亀《ほうき》年間（七七〇～七八〇）、当時の皇太子山部親王《やまべしんのう》（後の桓武《かんむ》天皇）の病を快癒《かいゆ》させるため、五人の修行僧が祈願を行ったのが寺のはじまりのようである。

その後、奈良・興福寺《こうふくじ》の賢璟《けんけい》が、朝廷の命を受けて室生山寺を開山し、それ以降、室生山一帯は山林修行の霊地として発展した。

平安時代初期には、賢璟の弟子にあたる学僧・修円《しゅうえん》が入山し、五重塔をはじめ、現在まで残る伽藍《がらん》を完成させた。そして興福寺の分院となった。

興福寺の支配から離れるまでには曲折《きょくせつ》があったのだが、江戸時代になって実現し、現在は真言宗室生寺派大本山である。

●室生寺年表

七七〇～七八〇年（宝亀年間）　このころに創建。
一六九八年（元禄十一）　真言宗豊山派《しんごんしゅうぶざんは》に転じる。
一七〇〇年（元禄十三）　興福寺を離れ、護国寺の末寺となる。
一九六四年（昭和三十九）　真言宗室生寺派を立て、大本山に。
一九九八年（平成十）　台風七号による倒木で五重塔が損傷、二年後に修復。

太鼓橋の向こうに女人高野が広がる

台風７号による被害を受けた五重塔

女人《にょにん》高野《こうや》として今日も愛される

室生寺が女性に門戸を開放した時期は明確ではない。

寺伝によれば、鎌倉時代以降である。その後、いつの間にか、女人禁制の高野山に対比させて、「女人高野」と呼ばれるようになった。

元禄年間（一六八八～一七〇四）に五代将軍綱吉《つなよし》の母・桂昌院《けいしょういん》の寄進《きしん》を受けて堂塔《どうとう》の復興に当たっている。そのことが「女人高野」の名を、一層世に広めることとなった。

現在でも参拝客の八割は女性である。

厚い信仰によって奇跡の復興を果たす

平成十（一九九八）年九月、室生寺最古の建築物である五重塔が、台風七号によって大きな損傷を受けた。周囲を囲む杉の巨木が倒れて五重塔を直撃し、屋根や庇《ひさし》を破壊したのだ。

このニュースが伝えられるや、全国から支援の声が殺到し、修復資金として寄金がどしどし集まった。日本だけでなく海外からも、仏教関係だけでなくキリスト教団体からも、多額の寄金が寄せられたという。

このため寄金の額は予想を大幅に上回り、宮大工たちの熱意も実って予定より二年も早く修復が完了したのである。

現在の新しい五重塔は、多くの人びとの期待と愛情とに支えられて立っている。

五重塔《ごじゅうのとう》　一六・一メートルは日本一の小ささ

五重塔は、室生寺の象徴ともいえる存在である。

本堂の前を左へ進むと、うっそうとした杉木立の中にまっすぐ延びる長い石段がある。そこを登っていくと、少しずつ塔の先端部分が見えてくる。それが五重塔である。

高さは一六・一メートル。屋外に現存する五重塔としては日本でもっとも小さい。しかし、石段の下の方からは、それほど小さくは見えない。むしろ、その重厚さに圧倒される。

小ささは間近で見るともっともよくわかる。弘法《こうぼう》大師《だいし》が一夜でつくったという伝説があるが、そういう伝説が生まれるのもうなずける。

いつ誰がつくったかは不明である。室生寺で現存する建築物では最古とされ、様式からみて、奈良時代末期から平安時代初期の建立とみられる。千二百年ものあいだ、この山中に立っていることになる。

真下に立つとその小ささを実感できる

高さ五〇メートルほどの杉の巨木が、五重塔を圧するように、塔を囲む形で立っている。樹齢はおよそ六百年である。五重塔を見あげながら育った木が、今では、上から塔を見下ろしているわけだ。

平成十（一九九八）年の台風七号では、そのうちの一本が倒れて塔を直撃。しかし別の一本が、倒れる木を受け止めて支え、塔の全壊は免《まぬが》れた。

人びとからも自然からも、この塔は守られている。

石段越しに五重塔をのぞむ。周囲を囲む樹高50mの杉にも負けない存在感だ

鎧坂《よろいざか》 石段の上に金堂《こんどう》が顔をのぞかせる室生寺のプロローグ

「女人高野《にょにんこうや》」という言葉の響きと対照的なのが、鎧坂である。

戦《いくさ》のときに武士たちが身につける鎧は、魚の鱗《うろこ》のようにたくさんのさねを重ねている。自然石を積み上げたこの坂は、その鎧に似ている。そのため、鎧坂と名づけられた。

石段の数、七十二段。この勇ましい坂の両側を、石楠花《しゃくなげ》や木々の枝が覆《おお》う。

春から秋にかけては、季節の花々や新緑や紅葉が石段を鮮やかに包む。しかし、一年でもとくに美しいといわれるのは、雪景色だ。山寺ならではの厳しさと輝きがある。

写真の奥に見える屋根は金堂。さまざまな悩みや悲しみを抱えて、多くの女性たちが、金堂を仰ぎ見ながら、この坂を登ったであろう。

さまざまな時代をへた石段には、女人高野にあって男性的な魅力が感じられる

冬、積雪に遭遇すれば運のいい証拠。鎧坂も
空へ向かう白い道となり、室生寺ならではの
閉ざされた雰囲気を醸しだす

室生寺《むろうじ》の四季《しき》

石楠花《しゃくなげ》に紅葉、雪景色……訪れるたびに違う表情を見せる

春は桜と石楠花、その後は新緑、秋になると紅葉、冬はあたり一面が雪に覆《おお》われる。

境内でもっとも季節感を堪能できるのは、鎧坂《よろいざか》である。また、太鼓橋《たいこばし》付近や五重塔でも、四季折々の自然の表情が楽しめる。

なかでも人気の高い花は、石楠花である。室生寺は春の訪れが遅く、例年四～五月ごろに花が開く。この花には、信徒たちの思いがこめられている。およそ三千株の多くは、昭和九（一九三四）年、信徒たちによる石楠花講が発足したとき、吉野《よしの》や大台《おおだい》ケ原《がはら》などの山中で苦労して採取したものだ。今もその子供や孫たちによって手入れがなされている。

雪景色もいい。室生の里が一年でもっとも冷えこむのは、東大寺でお水取りが行われるころだ。しかし、最近は温暖化の影響か、年に数回しか積もらないのが残念だ。

【4～5月】室生寺をもっとも華麗に彩る石楠花

【11月】短い秋が境内を赤く染める

【1～3月】雪が積もると、境内は一層静寂さを増す

奥《おく》の院《いん》　七百段の向こうに大師伝説が眠る

五重塔の裏手から長い石段が延びている。奥の院への道である。

仁王門《におうもん》をくぐってから奥の院まで行くには、ちょうど七百段を登らなければならない。登ったらおりなければならないから、往復千四百段だ。傾斜《けいしゃ》はかなりきつく、下から見上げると不安すら覚える。しかし、ほとんどの参拝者は奥の院まで登るようだ。ふつうの脚力があれば十分登ることはできる。いわば、この石段が健康のバロメーターというわけだ。

石段の途中、賽《さい》の河原《かわら》が、険しい表情をむきだしにこちらを見つめている。明治時代に石段ができるまでは、この賽の河原が奥の院へのルートだった。昔の巡礼者たちは、女性であっても、この絶壁《ぜっぺき》を這《は》うようにして登ったという。

七百段を登りきると、崖《がけ》にせりだすようにして、常燈堂《じょうとうどう》（納骨堂《のうこつどう》）と御影堂《みえいどう》（大師堂《だいしどう》）がある。弘法《こうぼう》大師《だいし》四十二歳像を安置する御影堂は厄除《やくよ》け大師として知られ、毎月二十一日には多くの参拝者が訪れる。とくに四月二十一日は正御影供《しょうみえく》と呼ばれ、にぎやかな縁日が催される。

かつては真言密教の道場だった御影堂

五重塔から奥の院までは所要20分ほど。
しかし角度が急で苦しい

寺宝　優しさと懐《ふところ》の深さが感じられる室生寺の仏像たち

室生寺の仏像はほとんどが金堂《こんどう》に安置《あんち》されている。

一方、弥勒堂《みろくどう》にはどっしりとした存在感のある釈迦《しゃか》如来坐像《にょらいざぞう》と、室生寺最古の仏像といわれる弥勒菩薩立像《みろくぼさつりゅうぞう》を安置。本堂（灌頂堂《かんじょうどう》）には如意輪観音《にょいりんかんのん》が収められている。

十一面観音立像《じゅういちめんかんのんりゅうぞう》　国宝・金堂・平安時代（推定）

金堂の向かって左端に立つ。顔立ちはふっくらと女性的で、色気すら感じさせる。体軀も非常に肉感的だ。

さらにこの観音に魅力を与えているのが頭上の仏面たち。地髪に十面が並び、髻(たぶさ)の頂上にも仏面を配している。

◀釈《しや》迦《か》如《によ》来《らい》坐《ざ》像《ぞう》

国宝・弥勒堂・平安時代（推定）

弥勒堂に客仏として安置されているが、その由来はまったくわかっていない。衣文に凹凸をつける翻波式の彫り方から、かろうじて平安時代の作ということだけは読みとれる。

十一面観音立像とは対照的に、その印象は力強く男性的だ。像高は106.3cmと大きくはないが、すっきりと整った鼻筋に、きりりとしまった目元と口元。身の丈を超えた存在感がある。

▶伝《でん》釈《しや》迦《か》如《によ》来《らい》立《りゆう》像《ぞう》

国宝・金堂・平安時代（推定）

金堂はかつての薬師堂であり、文献などからこの像が本尊の薬師如来像であったと思われる。

低い格天井の金堂にあって像高は234.8cmあり、華麗な板光背はいまにも屋根を突き抜けそうだ。

像の着衣には深さの異なる幾重もの線によって、カーブが描かれている。これは平安初期作の他の仏像と異なる、室生寺独特のものだ。

線の一本一本が寄り集まって、起伏に富んだ肉体美を表現している。

聖《しよう》観《かん》音《のん》立《りゆう》像《ぞう》　過去もわからずミステリアス

金堂内で他の仏像に隠れるように安置されているのが聖観音。他の寺のものがどこかで拾われ、室生寺にやってきたといわれるが、詳しいことは一切わかっていない。

見過ごしてしまいそうなこの像にどんな過去があったのか、憂いを帯びた表情を見ながら想像してみたい。

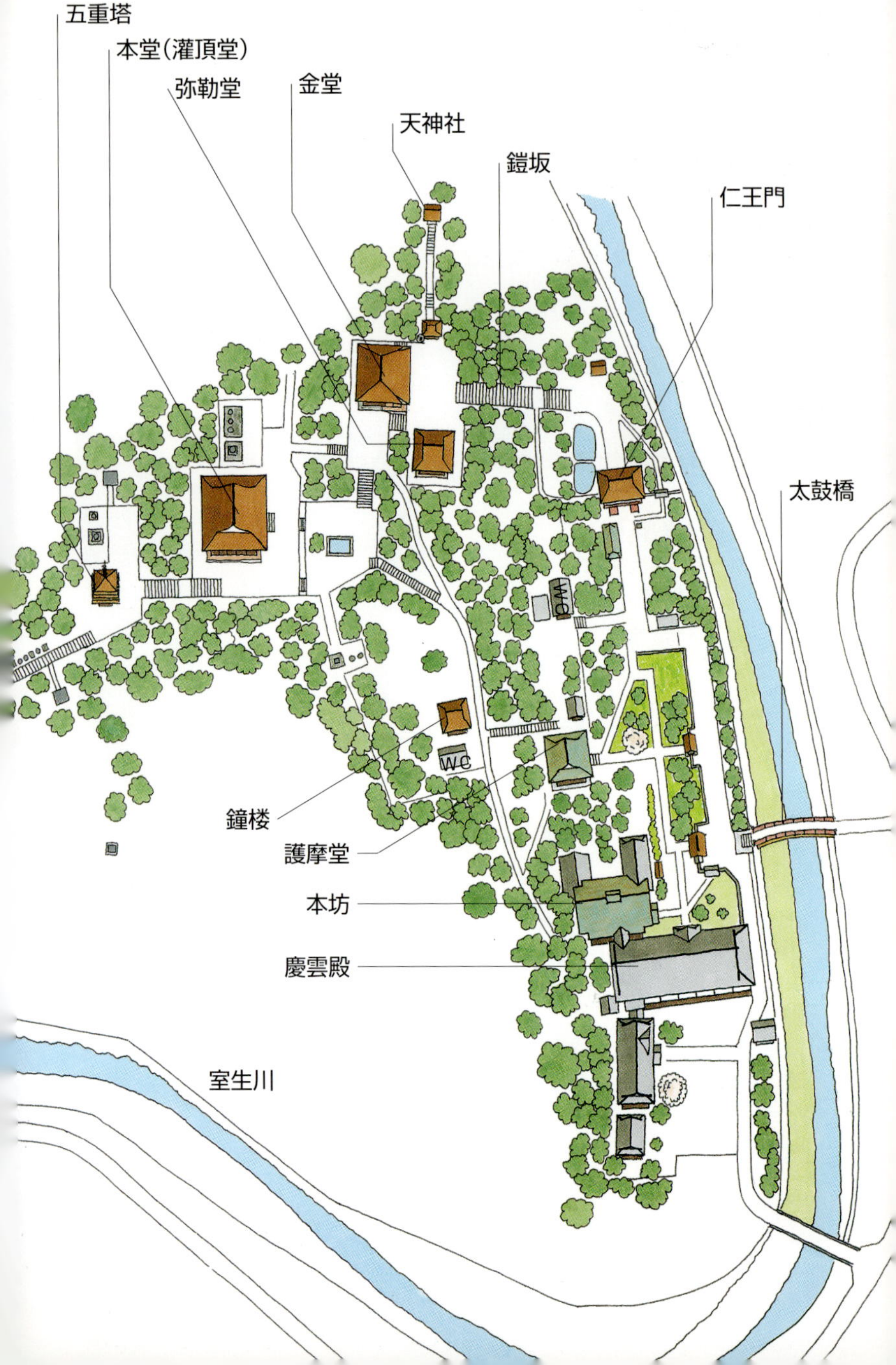

五重塔
本堂(灌頂堂)
弥勒堂
金堂
天神社
鎧坂
仁王門
太鼓橋
WC
WC
WC
鐘楼
護摩堂
本坊
慶雲殿
室生川

境内地図
室生寺

【室生寺】 奈良県宇陀郡室生村室生78、☎0745(93)2003、
8～17時(季節により変動あり)、拝観料500円、
近鉄室生口大野駅から奈良交通バス室生寺前行き他「室生寺前」下車徒歩3分
(バス時刻表を31ページに掲載)。http://www.murouji.or.jp/

日本一小さな五重塔

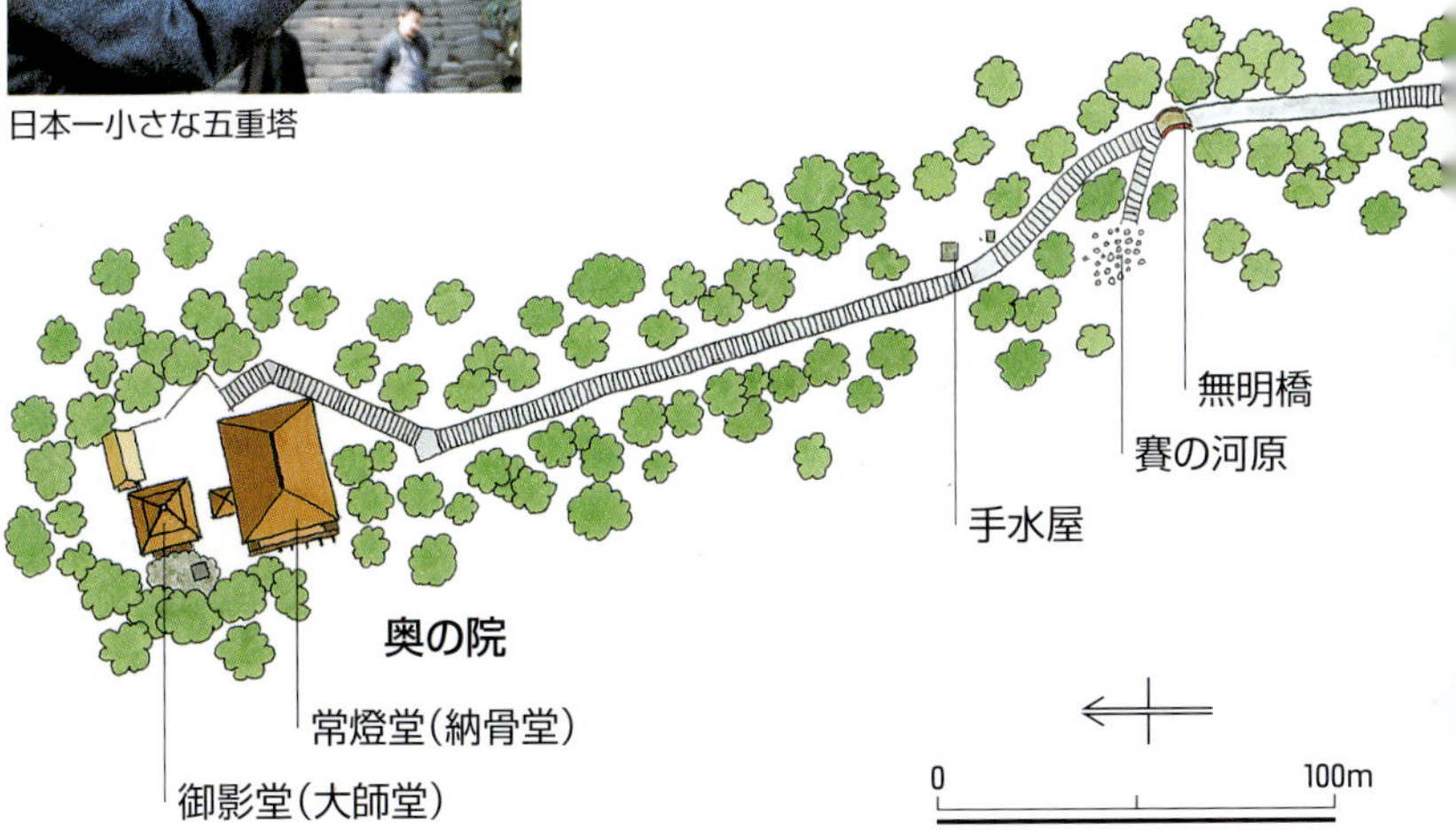

妙《みょう》吉《きつ》祥《じょう》龍《りゅう》穴《けつ》（通称・龍穴）

水神《すいじん》さまが鎮座《ちんざ》するマイナスイオンの空間

室生には古代から水神信仰があり、室生という地名も、神の座を意味するミムロ（御室や御諸と書く）が由来といわれる。

室生寺を川沿いに十五分ほど歩いたところに室生龍穴神社がある。室生寺はもともとその神宮寺《じんぐうじ》として建てられたともいわれている。また、逆に室生寺が創建されたのちに寺を守護する龍神が考えられた、とする説もある。室生寺の裏山にあるのが、龍神が棲《す》むといわれる岩の裂け目、龍穴である。平安時代には、室生寺や興福寺《こうふくじ》の僧侶がここでたびたび雨乞いをしていたという記録もある。

龍穴の手前にある天の岩戸（あまのいわと）の脇には、苔むした祠（ほこら）があった

現在は龍穴のそばまでアスファルトの舗装路が延びており、車で簡単に登れる。しかし、龍穴は本来、簡単に立ち入ることが許されない神聖な場所だ。室生龍穴神社で白い浄衣《じょうえ》を借り、身を清めるのが正しい登り方である。

室生龍穴神社から龍穴までは徒歩で往復一時間半〜二時間。

【妙吉祥龍穴】地図P26
宇陀郡室生村室生、☎0745・92・2001（室生村産業観光課）

渓流とその周囲に神秘的な空気が漂う龍穴。
仁神僧正以外に入った人間はいないとされる

龍神祭《りゅうじんまつ》り　神と仏が杯を交わす年に一度の秋祭り

毎年十月十五日に行われる室生龍穴神社《むろうりゅうけつじんじゃ》の例祭《れいさい》である。普段はのどかな室生の里も、この日ばかりはにぎやかな雰囲気に包まれる。

祭りの起源は、室生龍穴神社の祭神である善如龍王《ぜんにょりゅうおう》と、室生寺に道場を開いた弘法大師《こうぼうだいし》がこの日に契《ちぎ》りを交わしたという伝説からきている。

今も祭りの日は龍王の代理として、室生龍穴神社を守る当屋《とうや》が、室生寺の住職と年に一度の杯《さかずき》を酌《く》み交わすのが習わしだ。

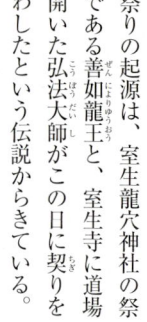

境内では鎮守《ちんじゅ》さまの前で神楽を奉納し、さらに御輿《みこし》などとともに室生寺まで練り歩く。この祭りは、里に住む男子の元服式《げんぷくしき》も兼ねており、これに参加すると晴れて大人として認められる。

静かな室生に訪れる「ハレの日」だ

【龍神祭り】
☎0745・92・2001
(室生村産業観光課)

大野寺《おおのでら》　室生の玄関口に佇む磨崖仏

六八一年に役小角《えんのおづぬ》によって開かれたとされる、室生寺の四大門のひとつ。宇陀川《うだがわ》を挟んだ向かいの岩壁には、高さ一三・八メートルにおよぶ弥勒磨崖仏《みろくまがいぶつ》が彫り込まれている。これは興福寺《こうふくじ》の雅縁《がえん》大僧正が指揮し、一二〇七年に作られたもの。

磨崖仏は駅から室生寺へ向かうバスの車中からも見られる

【大野寺】　地図P26
宇陀郡室生村大野1680、☎0745・92・2001（室生村産業観光課）、8～17時(季節により変動あり)、拝観200円

室《むろ》生《う》の里《さと》

森と神に抱かれた日本の心のふるさと

室生寺から向かいの斜面を、集落に沿ってしばらく登ると、鄙《ひな》びた山あいに、昔懐かしい風景が見られる。ゆるやかな斜面に棚田が広がり、農家がぽつりぽつりと点在する。観光地といえる場所ではないが、古き良き日本の姿はどんな名所よりも心に残るはずだ。

【室生の里】地図P26
☎0745・92・2001（室生村産業観光課）

夕暮れ時には感動的な光景に出会うこともある

西《さい》光《こう》寺《じ》

見事な桜が室生の里を彩る

桜の花が咲くと室生にも遅い春が訪れる

室生寺向かいの山道をしばらく登った集落の中にある。境内には巨大なしだれ桜の木があり、四月上旬に見事な花を咲かせる。

【西光寺】地図P26
宇陀郡室生村室生、☎0745・92・2001（室生村産業観光課）、境内自由

松《まつ》平《ひら》文《ぶん》華《か》館《かん》

故・前田真三が捉えた室生の自然を展示

室生の旧家・松平家が運営するギャラリー。風景写真家の故・前田真三氏が撮影した室生や北海道の写真を展示。館内には四季の花が生けてあり、訪れる人びとの目を楽しませている。

【松平文華館】地図P31A2
宇陀郡室生村室生806、☎0745・93・2651、入館10時～16時30分、木曜と8月・12月1日～翌年3月末は休館、入館300円

前田氏の名作の数々を展示している

橋本屋旅館《はしもとやりょかん》

山菜と女将さんが名物の門前宿

明治四（一八七一）年、伊勢《いせ》街道《かいどう》の旅籠《はたご》として営業をはじめ、現在の主人で五代目になる。

創業当時は茅葺《かやぶ》き屋根に縁側《えんがわ》という造りで、参拝者のオアシスとしてにぎわっていた。戦後に改築されて料理旅館として生まれ変わったが、家庭的な雰囲気を今も残している。

室生寺の撮影をライフワークにした写真家、故・土門拳《どもんけん》も、戦前からたびたびこの旅館を訪れていた。特に雪景色の撮影には執念を燃やし、晩年は車椅子生活にもかかわらず、冬になるとここで雪を待ちつづけた。

昭和五十三（一九七八）年三月十二日のことだ。早朝、女将《おかみ》の奥本初代さんが寝間着のまま階段を駆け上がり、土門を叩き起こした。

「先生！　雪です！」

弟子にカーテンを開けさせた土門は、雪景色を見て涙で顔をぐしゃぐしゃにし、初代さんの両手を握ったという。

土門の執念が実った瞬間だった。

「先生は体が不自由で、支度《したく》に一時間ほどかかったんです。その間に雪が溶けはじめて、もうどれだけ焦ったことか」と初代さん。

館内には土門のほか、ここに逗留《とうりゅう》したさまざまな文人墨客《ぶんじんぼっかく》の書画が飾られている。多くの人びとに愛された室生寺と同じく、この宿も参拝者たちに愛されてきたのだ。

太鼓橋のすぐ手前にある

夕食は地元で採れた山菜が中心。天ぷらや汁で味わえるとろろが主人の自慢だ。11〜15時は料理のみの利用ができ、2000〜3000円。写真の料理も事前に予約をすれば7000円で味わえる

初代さんは室生寺の生き字引的存在

【橋本屋旅館】地図P31A2
宇陀郡室生村室生800、☎0745・93・2056、1泊2食付1万5000円〜、食事のみの利用は11〜15時

室生《むろう》草《くさ》餅《もち》本《ほん》舗《ぽ》

出来たての草餅は素朴さがくせになる

室生寺門前には数軒の草餅屋さんがあり、ここは寺からもっとも近い店。草餅はとても風味豊かで、十個入り八〇〇円。冬期には香ばしく焼いた草餅も登場する。

【室生草餅本舗】地図P31A2
宇陀郡室生村室生716、☎0745・93・2556、9～16時（季節により異なる）、不定休

室生の土産らしい素朴な草餅

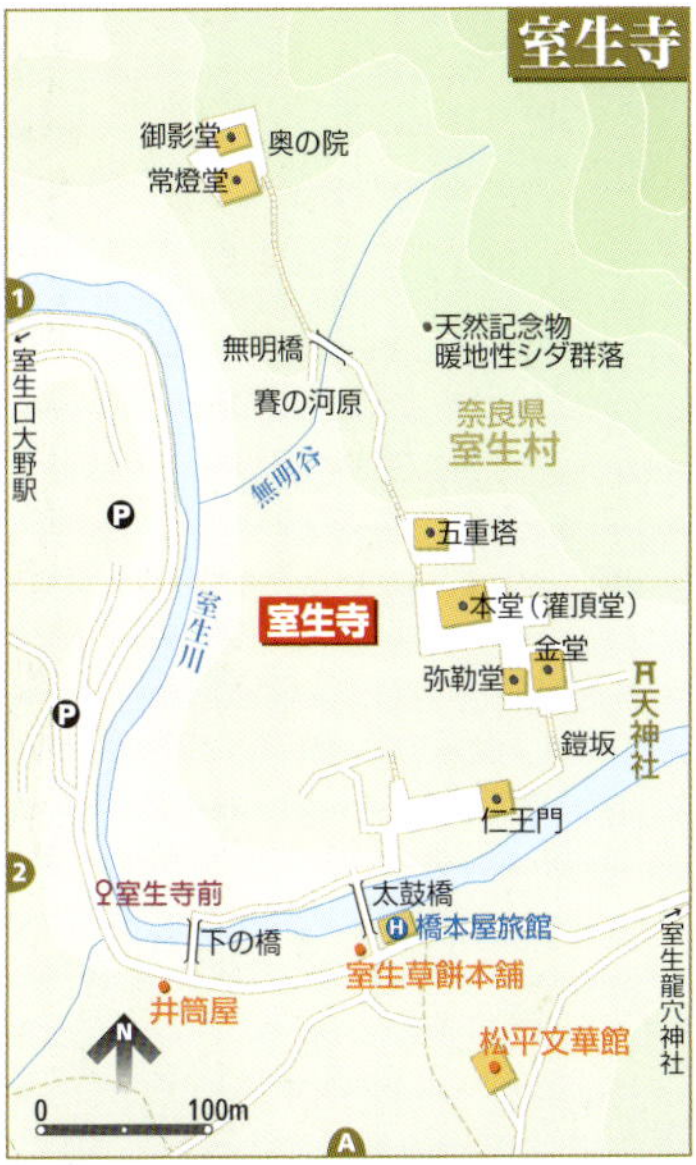

【室生口大野駅発・室生寺方面行きバスの発車時刻】8:45、9:25、10:05※、10:45、11:05※、12:25※、13:25、13:45※、15:05、15:25（学校開校時の水曜）、16:05（学校開校時の月・火・木・金曜）、16:25（学校開校時）、17:25、18:10、19:35
※＝3月第3日曜～12月第1日曜の運行

井《い》筒《づつ》屋《や》

室生の杉でつくったかわいい工芸品の数々

室生の山々で切りだされた木材を使い、工芸品を製作・販売している店。素材となるのは主に樹齢三〇〇～五〇〇年の天然杉やヒノキの枝。杉の枝を輪切りにしたコースターは二〇〇～三〇〇円。ログハウスの廃材でつくったメガネ掛けは八〇〇～一二〇〇円。

【井筒屋】地図P31A2
宇陀郡室生村室生702、☎0745・93・2113、9～17時、不定休

手前にあるのが人気のメガネ掛け

第二番

長谷寺 はせでら

【宗　派】真言宗《しんごんしゅう》豊山《ぶざん》派《は》総本山《そうほんざん》
【山　号】豊山《ぶざん》
【所在地】奈良県桜井《さくらい》市初瀬《はせ》七三一―一

全国に三百ある長谷寺の総本山《そうほんざん》であり、かつ三千の末寺《まつじ》を持つこの長谷寺は、初瀬山《はせやま》の中腹《ちゅうふく》に広がる壮大な寺院だ。
この地は古くからの聖地《せいち》で、『源氏物語《げんじものがたり》』や『万葉集《まんようしゅう》』にも登場する。
四季を通じて境内が花に埋もれる「花の寺」として、
また、西国三十三所巡礼《さいごくさんじゅうさんしょじゅんれい》の第八番札所《ふだしょ》として、昔から巡礼者が絶えない。

四季折々の花々が参拝者をいざなう長谷寺。
なかでも桜は一面を極楽浄土のように彩る

歴史　自然豊かな聖なる地に生まれた観音信仰と草花の息づく巡礼地《じゅんれいち》

長谷寺が広がる一帯は、小高い丘に囲まれた谷間《たにあい》である。かつては「隠国《こもりく》の泊瀬《はつせ》」と呼ばれ、冥界《めいかい》への入口として、生と死が交わる聖なる地とされた。朱鳥《しゅちょう》元（六八六）年、道明上人《どうみょうしょうにん》が天武《てんむ》天皇の快癒《かいゆ》を願って銅板法華説相図《どうばんほっけせっそうず》（千仏多宝仏塔《せんぶつたほうぶっとう》）をつくり、現在の本長谷寺《もとはせでら》の場所に庵《いおり》を建てて安置したとされる。それが、この寺の開祖《かいそ》だという。その後、聖武《しょうむ》天皇の勅願《ちょくがん》により、道明の弟子・徳道《とくどう》上人が伽《が》藍《らん》を造営《ぞうえい》して十一面観音菩薩《じゅういちめんかんのんぼさつ》を祀《まつ》る。こうして、現在の長谷寺の原形ができあがった。

源頼朝《みなもとのよりとも》が現在の東海道を開拓するまで、日本を横断するルートは、大和から伊勢《いせ》に向かい、さらに渥《あつ》美《み》半島へ船で渡っていった。長谷寺はちょうどその途中にあたる。このため、平安時代には、高貴な者たちが伊勢詣《いせもう》でと合わせて長谷寺を参拝するようになった。『源氏物語《げんじものがたり》』、『更級日記《さらしなにっき》』、『枕草子《まくらのそうし》』など、

多くの物語や随筆にも登場した寺だ

●長谷寺年表

六八六年（朱鳥元）	道明上人によって銅板法華説相図が安置され、本長谷寺が開かれる。
七二七年（神亀四）	徳道上人が現在のような伽藍の造営をはじめる。
九九〇年（正暦元）	創建以来東大寺の末寺《まつじ》だったが、興福《こうふく》寺《じ》の末寺に転じる。
一五八七年（天正十五）	紀州根来寺《ねごろじ》から僧専誉《せんよ》が入寺し、真言《しんごん》宗《しゅう》に転じる。
一九〇〇年（明治三十三）	豊山派総本山《ぶざんはそうほんざん》となる。

多くの女性たちがその著書に「長谷詣《はせもう》で」をつづっている。

日本の巡礼はここからはじまった

白装束に金剛杖を携えた巡礼者たち

養老《ようろう》二（七一八）年、死の病に冒《おか》された徳道上人は、夢の中で閻魔王《えんまおう》に出会う。閻魔王は徳道に死ぬことを許さず、悩み苦しむ人のために、三十三ヵ所の観音霊場《かんのんれいじょう》をつくるよう告《つ》げる。これが日本最古の巡礼・西国三十三所巡礼《さいごくさんじゅうさんしょじゅんれい》のはじまりだ。

はじめ、巡礼は人びとの信用を得られなかったが、それから三百年近くが過ぎ、花山法皇《かざんほうおう》によって再興《さいこう》された。江戸時代になると、徳川家の庇護《ひご》を受け、庶民の人気を博し、盛んになった。

今日も、熱心に参拝をする巡礼者が見受けられる。

見どころが多く観光地としての顔も

創建以来、七度もの火災に遭《あ》っており、建物はほとんどが江戸時代のものだ。しかし、斜面に沿って堂塔《どうとう》が並ぶ光景は、霊場らしい雰囲気を醸《かも》しだす。

創建にかかわる国宝の銅板法華説相図（現在、奈良国立博物館に寄託されており、春秋の二ヵ月ずつ、宗宝蔵《しゅうほうぞう》で公開される）のほか、本尊の十一面観音菩薩立像など、多くの貴重な寺宝が残されている。

長谷寺の花々は人気が高いが、なかでも有名なのが、四月下旬から五月上旬に咲くおよそ七千株の牡丹《ぼたん》だ。千年ほど前、唐《とう》の皇妃《こうひ》・馬頭夫人《めずぶにん》から献納《けんのう》された数株の牡丹を植え継いだものといわれる。

季節の花々

無数の花が境内を極楽浄土《ごくらくじょうど》のように彩《いろど》る

境内を覆い尽くす桜の向こうに、重要文化財の本堂が見える

桜●三月下旬〜四月上旬

長谷寺の草花は手入れが行き届いている。なかでも桜はソメイヨシノや山桜など約六千五百本を数え、奈良県有数の桜の名所として知られている。三月下旬〜四月上旬には境内一面に花を咲かせ、長谷寺に春の訪れを告《つ》げる。

この季節になると、近鉄長谷寺駅から、桜に包まれた寺が遠望《えんぼう》できる。胸を躍《おど》らせながら参道を抜けると、やがて正面に、桜の海に浮かぶ長谷寺の全貌《ぜんぼう》が見えてくる。

下から眺める桜も美しいが、本堂《ほんどう》に上がって下に見おろす桜はもっと美しい。まるで、桜の波間を静かにすべっていくかのような錯覚に陥る。品種の異なる桜が微妙に色合いの違いを見せ、訪れる者の目を楽しませてくれる。

もっとも見事なのは登廊(のぼりろう)周辺。あたり一面に花を咲かせる

牡丹《ぼたん》 ● 四月下旬～五月上旬

長谷寺は別名「牡丹寺」と呼ばれる。

唐《とう》の僖宗《きそう》皇帝《こうてい》の第四の妃《きさき》・馬頭夫人《めずぶにん》は、その優しさゆえ皇帝から厚い寵愛《ちょうあい》を受けたが、それを妬《ねた》む他の妃からは、馬のような鼻を笑いの種にされていた。彼女は霊験《れいげん》あらたかな長谷観音の存在を聞き、長谷寺に向かって毎日祈りを捧《ささ》げ、念願かなって絶《ぜっ》世《せい》の美女となった。そのお礼として長谷寺に献納《けんのう》したのが、十種の宝物《ほうもつ》のほかに数株の牡丹だったといわれる。

以来、境内では、牡丹が大切に植え継がれ、「牡丹寺」の別称《べっしょう》が生まれた。

江戸時代には僧の薬用として重宝されたという。現在も信徒《しんと》からの献木《けんぼく》が行われ、その数はざっと百五十種、七千株にのぼる。

四月下旬～五月上旬には紅色や白、紫、黄など、さまざまな色の花をつける。

【上】さんしゅゆ　3月上旬〜中旬／別名はるこがねばな。種子はかつて薬用として重用
【左】梅　2月中旬〜3月上旬／登廊のそばにある「貫之の梅」。古今和歌集にある紀貫之の歌の題材とも、貫之自身が植えたともいわれている

石楠花　4月下旬〜5月上旬／約5000株が植えられ、本堂下などに花を咲かせる

白木蓮　3月下旬〜4月上旬／桜や牡丹が人気だが、象牙色の白木蓮も見事

紫陽花　６月中旬～７月上旬／奥の院などにおよそ8000株が咲く

蠟梅（ろうばい）12月下旬～１月中旬／真冬にまるで蠟細工のような可憐な黄色の花が咲く

藤　４月下旬～５月上旬／落葉低木で目立たないが、独特な香りを持つ

登廊《のぼりろう》 千年ものあいだ参拝者を導いてきた本堂までの三百九十九段

登廊といえば東大寺二月堂《とうだいじにがつどう》も有名だが、長さでは長谷寺が凌駕《りょうが》する。

煩悩《ぼんのう》の数になぞらえて、百八間（約二百メートル）といわれる。仁王門《におうもん》の先から三百九十九段の緩《ゆる》やかな石段が上・中・下の三廊にわたって続き、独特の雰囲気をつくりだしている。

かつて本堂《ほんどう》までの参道は、境内東側にある急な坂道だった。清少納言《せいしょうなごん》は『枕草子《まくらのそうし》』で「早く仏さまを拝みたいのに、足もとがおぼつかない」とその様子を記している。

長谷寺に登廊がつくられたのは長久《ちょうきゅう》三（一〇四二）年である。春日社司《かすがのやしろのつかさ》の中臣信清《なかとみののぶきよ》によるもので、長さは「九十九間」だったという。

しかし度重《たびかさ》なる火災に遭《あ》い、現在の登廊は主要部分が江戸時代につくられ、中・下は明治二十二（一八八九）年に修復されたものだ。それでも、多くの参拝客を風雪《ふうせつ》から守りつづけてきたその姿には、歴史以上の風格が感じられる。

登りきったところは鐘楼《しょうろう》の真下にあたり、正午と夜八時には若い学僧がほら貝を吹いている（四四ページ参照）。

夕方、長谷型と呼ばれる釣燈籠に明かりが灯される

重要文化財。399段も続く登廊は全国でも珍しい。石段と屋根は鐘楼の真下まで続き、雨にほとんど濡れることなく本堂まで参拝できる

十一面観音菩薩立像・本堂《じゅういちめんかんのんぼさつりゅうぞう・ほんどう》

現世利益《げんぜりやく》を叶えてくれる珍しい観音

長谷寺の本尊である十一面観音菩薩立像は、像高一〇・一八メートルにおよび、見る者を圧倒する。〝長谷観音〟がその通称だ。

観音像らしく左手には宝瓶《ほうびょう》を持ちながら、地蔵《じぞう》菩薩のように、右手に錫杖《しゃくじょう》（杖《つえ》）と念珠《ねんじゅ》を持っている。そのため、観音と地蔵の、両方の徳を持ち併せているとされる。

地蔵は本来、仏に代わって人びとの願いを聞き入れ、現世利益を叶えてくれる存在である。そのため長谷観音も、古くから現世利益を求める参拝者に親しまれてきた。

最初の像は天平《てんぴょう》五（七三三）年につくられたが、その後焼失と再興を何度も繰り返した。現在の像は天文《てんぶん》七（一五三八）年に再興されたものだ。

本尊両側には難陀竜王《なんだりゅうおう》、雨宝童子《うほうどうじ》が安置されている。難陀竜王は釈尊《しゃくそん》誕生の際に、霊水《れいすい》を注いだとされ、雨宝童子は、天照大神《あまてらすおおみかみ》が日向《ひゅうが》の国におりた際の姿だ、といわれている。

それらの像を安置する本堂は、木造建造物としては東大寺大仏殿《だいぶつでん》につぐ大きさで、奈良時代に創建されたものだ。

度重なる火災に遭《あ》い、現在のものは慶安《けいあん》三（一六五〇）年に徳川三代将軍・家光《いえみつ》によって建てられた。本瓦葺《ほんかわらぶ》きの堂々たる建築で、懸造《かけづく》りの舞台からは、はるか境内を見おろすことができる。

本堂内は長谷観音に祈る人びとの熱気が漂う

十一面観音菩薩立像・重要文化財・本堂。台座が床よりも低く、全身は拝めないが、金色に輝く姿と相まってその存在感は強烈だ

学僧《がくそう》 長谷寺に集《つど》う真言宗《しんごんしゅう》の若きエリートたち

長谷寺は若き学僧が精神を鍛え、教養を身につける学山でもある。全寮制の研修所が設けられ、宗派の中核をなす人材を育成している。

研修所の課程は二年間で、大正《たいしょう》大学仏教学科を卒業した者か、研修後に進学予定の者が学ぶ。常時二十名程が寝食《しんしょく》を共にしながら、研鑽《けんさん》を積んでいる。

学僧の一日は朝六時、本堂内陣《ほんどうないじん》での勤行《ごんぎょう》ではじまる。次に本堂の舞台に出て朝日と境内の諸堂に向かって遥拝《ようはい》し、境内の清掃を行う。日中は宗乗《しゅうじょう》と呼ばれる真言教学《しんごんきょうがく》のほか、余乗《よじょう》、事作法《じさほう》・声明《しょうみょう》・梵語《ぼんご》などの事相《じそう》、さらに一般教養などを学習する。合間には、来客にも応対する。

正午と夜八時、鐘楼《しょうろう》でほら貝を吹くのも彼らの重要な日課である。千年もの間、毎日欠かさず、初瀬《はせ》の里《さと》に時を知らせている。

厳しい寒さに学僧たちの試練は一段と増していく

勤行を終えた6時半頃、僧たちは舞台上に並んで朝日と諸堂に向かって遥拝する

ほら貝の音が初瀬の谷間に響き渡る

本堂内陣で行われる朝の勤行

本《ほん》尊《ぞん》開《かい》帳《ちょう》法《ほう》要《よう》

新年の訪れを告げるご開帳

元旦の午前零時から行われ、別名「暁天《ぎょうてん》開帳」とも呼ばれている。大晦日の閉帳《へいちょう》法要でかけられた御《お》戸帳《とちょう》が静かにおろされ、本尊を間近で拝むことができる。

大晦日から三が日にかけては観音万灯会《まんどうえ》が開かれる。檀信徒《だんしんと》や参拝者が願いをこめて灯した燈明《とうみょう》が、登廊《のぼりろう》の石段などを照らし、境内は幻想的な雰囲気に包まれる。

この他に新年は、元旦から七日にかけて鎮護《ちんご》国家を祈る仁王会《にんのうえ》と修正会《しゅしょうえ》、八〜十日に仏へ懺悔《ざんげ》をする仏名会《ぶつみょうえ》が行われる。

御本尊を前に荘厳な雰囲気が漂う

大晦日、本尊の閉帳法要が午後４時から営まれる

仏名会では、旧年の罪業を懺悔して新年を迎える

だだおし　真冬の長谷を熱くする奇祭

二月の奈良は、心身を清める修二会《しゅにえ》の行事が各地で行われる。その締めくくり（結願《けちがん》）が、十四日に長谷寺で行われる追儺会《ついなえ》、通称だだおしだ。

鬼と参拝客が激しく競り合い、本堂は熱気に包まれる

かつて、長谷寺裏手の角の谷に悪鬼が棲《す》んでいて、夜になると里へ出て人びとを困らせた。そこで長谷寺の僧が修二会によって鬼を追い払ったという。この逸話がだだおしの由来である。

午後四～五時頃、ほら貝や太鼓の音のなかを本堂《ほんどう》から巨大な面をかぶった三匹の鬼が登場すると、祭りは最高潮に達する。

三匹はそれぞれ長さ四メートル以上の松明《たいまつ》を持って回廊《かいろう》を三周する。参拝者はその三匹を追いかけ、松明を奪い取ろうとする。松明の火には無病息災《むびょうそくさい》の御利益《ごりやく》があり、持ち帰って祝い火にするのだ。

この機会にぜひ手に入れたいのが、この日しか買えない牛王札《ごおうふだ》である。このお札を買うと、無病息災や厄除けの檀拏印《だだいん》と呼ばれる宝印《ほういん》を額《ひたい》に押してもらえる。檀拏印は開山《かいざん》上人が閻魔王《えんまおう》から拝受《はいじゅ》したといわれる。

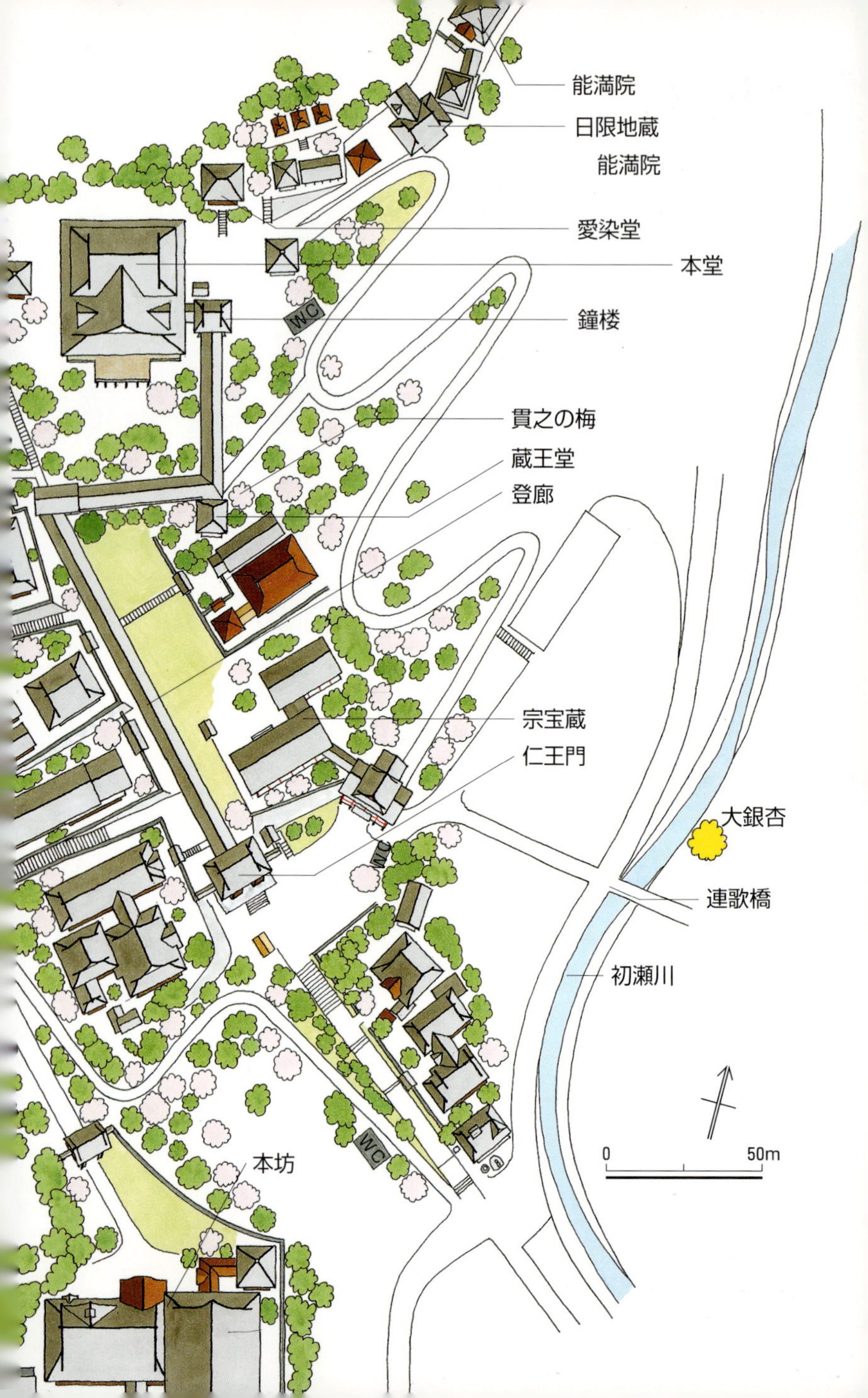

能満院
日限地蔵
能満院
愛染堂
本堂
鐘楼
貫之の梅
蔵王堂
登廊
宗宝蔵
仁王門
大銀杏
連歌橋
初瀬川
本坊
WC
WC
WC
0
50m

境内地図
長谷寺

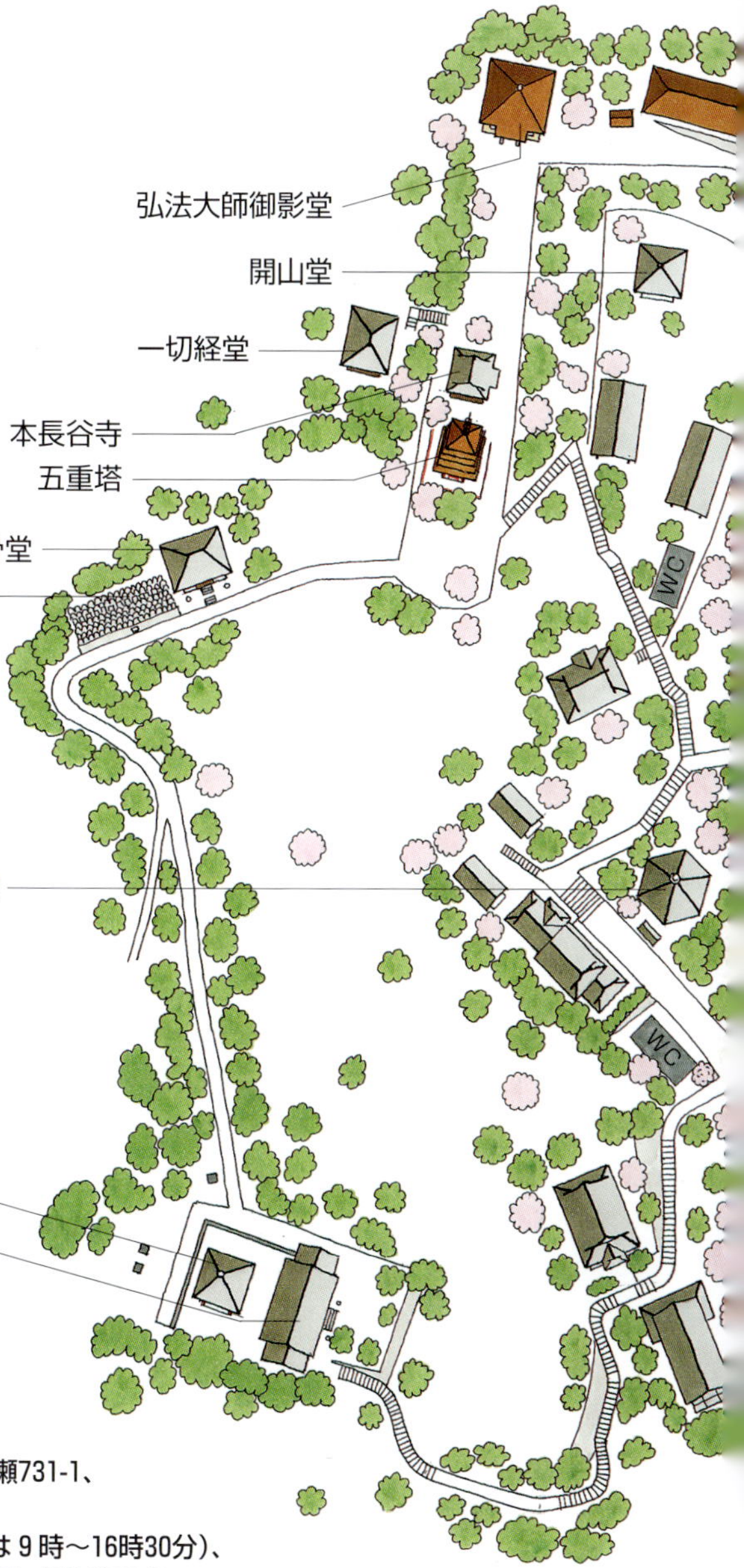

【長谷寺】 奈良県桜井市初瀬731-1、
☎0744(47)7001、
8時30分～17時(10～3月は9時～16時30分)、
拝観料500円、近鉄長谷寺駅から徒歩20分。
http://www.hasedera.or.jp/

いつかし　お茶屋で見つけた埴輪《はにわ》の元祖

自宅だった建物を改装し、長谷詣《もう》での人びとをもてなしている茶屋。小さな門からは意外に思える、立派な日本家屋だ。抹茶は桜湯と大宇陀《おおうだ》町《ちょう》・田中日進堂《たなかにっしんどう》でつくられた和菓子がついて五〇〇円。落ち着いた雰囲気で、抹茶を楽しめる。

茶席に使っている離れは築およそ90年

また、長谷土産として評判なのが、女将《おかみ》手作りのいずも人形だ。

およそ二千年前、日葉酢《ひばす》媛命《ひめのみこと》が亡くなった際、出雲《いずも》出身の相撲の祖・野見《のみ》宿禰《すくね》が殉職者《じゅんしょくしゃ》の代わりに埴輪を埋葬《まいそう》することを提案。故郷から百人の土師《はじ》を呼び寄せた。以来、それをかたどった人形は人気を博したが、明治末期に廃《すた》れてしまった。それを復元したのが女将の厳樫幸子《いつかしさちこ》さん。ユーモラスな姿が印象的だ。

【いつかし】地図P50A2
桜井市初瀬852、☎0744・47・7182、9~17時、不定休

【左】これがいずも人形。太鼓持ち2000円。【下】抹茶は京都・一保堂茶舗のものを使用。口の中にすっきりとした甘みが広がる

田中屋《たなかや》 門前の老舗料理旅館

明治二十（一八八七）年創業。長谷寺へ精進料理《しょうじんりょうり》の仕出《しだ》しも行う名店で、食事のみの利用もできる。

人気は金胡麻《きんごま》の風味が生きた胡麻豆腐。単品八〇〇円のほか、山菜定食一六五〇円などでも味わえる。

【田中屋】地図P50A1
桜井市初瀬748、☎0744・47・7015、10〜17時、毎月末日定休、1泊2食付1万円〜

中央が田中屋名物の胡麻豆腐

総本舗白酒屋《そうほんぽしろざけや》 人気の草餅店

邪気《じゃき》を払う食べ物として、長谷の名物となった草餅。参道には数軒の草餅店が軒を連ねている。

もともと造り酒屋だったのが、いつしか草餅を売るようになったという老舗。臼《うす》と杵《きね》で餅をつき、籠《かご》で蒸している様子が参道から見える。蒸しただけのものと鉄板で焼いたものがあり、ともに十個九〇〇円。吉野《よしの》葛《くず》に桜の花と金箔をあしらった泊瀬《はつせ》の花ようかん八〇〇円も人気だ。

参道で餅作りを見物できる

【総本舗白酒屋】地図P50A1
桜井市初瀬728-8、☎0744・47・7988、9〜17時、不定休

中山酒店《なかやまさけてん》 知る人ぞ知る銘酒の販売元

初瀬《はせ》の枕詞《まくらことば》「隠国《こもりく》の」を冠した地酒、こもりくの里を販売。これは少量生産の良質な原酒で、中山酒店でしか扱っていない貴重なもの。

飲み口は、甘辛くて濃厚。口の中に麹《こうじ》と米の甘みが残る日本酒本来の味わいだ。壺入りは三六〇ミリリットル一五五〇円〜、瓶入りは九〇〇ミリリットル一三八〇円。

【中山酒店】地図P50A1
桜井市初瀬795、☎0744・47・7401、8〜19時、不定休

左の信楽焼の壺はオリジナル

第三番

薬師寺《やくしじ》

【宗　派】法相宗《ほっそうしゅう》

【所在地】奈良県奈良市西《にし》ノ《の》京町《きょうちょう》四五七

長らくすきま風が吹いていた境内《けいだい》に、昭和の終わりから平成にかけて豪華絢爛《ごうかけんらん》な堂塔《どうとう》が建った。

蘇《よみがえ》った伽藍《がらん》に入ると、白鳳《はくほう》美術そのままの艶《あで》やかな世界に引きずりこまれる。

歴史を刻み、「凍《こお》れる音楽」と評されたモノトーンの東塔《とうとう》と、

朱色と金色が煌《きら》びやかな西塔《さいとう》との間には、千三百年という時間が流れている。

しかし、西塔を建てた昭和の名棟梁《とうりょう》は、千年後の木の縮み具合も考慮して設計していたという。

清らかな心をもって美しい世界をつくる、という天武《てんむ》天皇の遺志が、今も伽藍に息づいている。

大池（勝間田池）越しに薬師寺を望む。多くの人びとの熱意で伽藍が復興。奈良時代の光景が見事に蘇った

歴史　白鳳《はくほう》時代の栄華が蘇《よみがえ》った法相宗《ほっそうしゅう》の大本山《だいほんざん》

天武《てんむ》九（六八〇）年、天武天皇は皇后の病気回復を願い、薬師如来《やくしにょらい》を本尊《ほんぞん》とする寺院建立《こんりゅう》を発願《ほつがん》した。

伽藍《がらん》の造営は当時の都であった藤原京《ふじわらきょう》（現在の奈良県橿原《かしはら》市）ではじまった。しかし、その途中で皇后は回復し、逆に天武天皇が病で亡くなってしまう。皇后は夫の跡を継いで持統《じとう》天皇となり、伽藍の造営を続行。文武《もんむ》二（六九八）年頃にようやく完成した。

天武・持統両天皇の夫婦愛から生まれた薬師寺だが、完成後は波乱の歴史を歩む。

まず平城京《へいじょうきょう》への遷都《せんと》にともない、現在の地へ移転する。創建時の伽藍は本《もと》薬師寺と呼ばれ、今では礎《そ》石《せき》が残るだけだ。

移転後は、度重なる火災や資金難で伽藍は衰退するばかり。追い打ちをかけるように享禄《きょうろく》元（一五二八）年の兵火で、東塔《とうとう》と東院堂《とういんどう》を残して伽藍の大半は焼失してしまった。

●薬師寺年表

六八〇年	（天武九）	天武天皇が建立を発願。
六九八年	（文武二）	この頃、藤原京に伽藍が完成。
七一八年	（養老二）	遷都にともない、現在地に移転。
九七三年	（天禄四）	金堂と東西両塔以外を焼失。
一五二八年	（享禄元）	東塔と東院堂以外を焼失。
一九六七年	（昭和四十二）	高田好胤管主が金堂復興を発願。
一九六八年	（昭和四十三）	写経勧進《しゃきょうかんじん》が始まる。
一九七六年	（昭和五十一）	金堂を再建。続いて西塔、中門、回廊も再建される。
一九九一年	（平成三）	玄奘三蔵院伽藍を造営。
二〇〇三年	（平成十五）	世界最大級の木造建築・大講堂を再建。

堂塔を蘇らせた高田好胤《たかだこういん》師

薬師寺は江戸時代に入っても一向に復興の兆《きざ》しをみせず、伽藍は寂しい状態が長らく続いた。本尊の薬師三尊像も、雨漏《あまも》りのする仮金堂《こんどう》に四百年以上も

平成15年３月、大講堂の落慶法要が営まれた

置かれていた。

転機は昭和四十二（一九六七）年に訪れた。修学旅行生へのユニークな説法《せっぽう》で知られた高田好胤師（一九二四〜九八）が管主《かんしゅ》に就任し、長年の悲願であった金堂の復興を発願したのだ。

計画を知った企業から寄進の申し出もあったが、高田師はそれを固辞。百万巻《がん》の写経《しゃきょう》を集め、その納《のう》経料《きょうりょう》でまかなうことにした。

天武天皇の志を重んじた高田師の計画を、多くの人は無謀《むぼう》だとあざ笑った。しかし熱心な活動により、写経は無事に百万巻を達成。昭和五十一（一九七六）年には金堂が復興し、盛大な落慶法《らっけいほう》要《よう》が営まれた。

高田師は、さらに白鳳伽藍の復興を目指した。昭和五十六（一九八一）年には総檜造《そうひのきづく》りで西塔《さいとう》を再建。ついに東西両塔が並んだ。そして中門《ちゅうもん》と回廊が相次いで完成。師亡き後もさらに事業は続けられ、平成十五（二〇〇三）年、大講堂が世界最大級の木造建築として蘇った。

高僧・玄奘三蔵《げんじょうさんぞう》が静かに眠る

最近、薬師寺は修学旅行の観光スポットという印象が強い。今も若い僧たちがユーモアたっぷりな説法を行い、中高生たちを楽しませている。

しかし本来は、同じ奈良市内にある興福寺《こうふくじ》と並ぶ法相宗の大本山である。『西遊記《さいゆうき》』の三蔵法師《さんぞうほうし》のモデル・玄奘三蔵を始祖《しそ》とし、昭和五十六年にはその遺骨が分骨された。

また平成十二（二〇〇〇）年には、平山郁夫《ひらやまいくお》画伯が三十年がかりで玄奘三蔵の旅を描いた「大唐西域《だいとうさいいき》壁画《へきが》」が完成。春と秋に公開され、新たな見どころとして人気を集めている。

東《とう》塔《とう》　頂上で飛天《ひてん》が舞い「凍《こお》れる音楽」とも評される三重塔

昭和五十年代以降に次々と復興を遂げた建築物の中に、ポツンと古めかしい塔が佇《たたず》む。薬師寺で唯一、創建当時の姿を残す東塔だ。

天平《てんぴょう》二（七三〇）年築とされるが、建築様式はそれ以前の白鳳《はくほう》時代のものだ。そのため、藤原京《ふじわらきょう》の本《もと》薬師寺から移築したものという説もある。

塔を火災から守るために飾られた水煙

総高は三四メートル。三重塔だが各層の下に裳階《もこし》と呼ばれる庇《ひさし》があり、六重塔に見える。その交互する大小の屋根が、この塔に生き生きとしたリズムを与えている。明治時代、奈良で文化財調査を行った東洋美術史家のアーネスト・F・フェノロサ（一八五三〜一九〇八）は、その姿を「凍れる音楽」と評した。

頂部に飾られた水煙《すいえん》もまた、躍動感《やくどうかん》にあふれている。他の寺ではよく火焔《かえん》や雲の透かし彫りが見られるが、東塔のものは四枚の銅板それぞれに、表裏六体の飛天があしらわれている。上と中央の飛天は祈りを捧《ささ》げたり、あるいは散華《さんげ》しながら空を舞い、下の飛天がそれに合わせるかのように笛で音色を奏《かな》でている。

東僧房《ひがしそうぼう》では水煙の原寸大模型を見ることができるが、できれば双眼鏡やオペラグラスで実物を鑑賞したい。雲とともに衣をなびかせ、千三百年前と変わらぬリズムで舞う飛天たちは、ここでしか見ることができない。

日本にただひとつ現存する白鳳様式の三重塔。初層内陣には苦行釈迦像が安置され、毎月第3日曜の午前中に公開されている

白鳳伽藍《はくほうがらん》

"竜宮《りゅうぐう》"にたとえられた千三百年前の姿が蘇《よみがえ》る

昭和四十年代までの薬師寺は、東塔《とうとう》のみが創建当時の姿を残し、広大な境内は寂寞《せきばく》としていた。

しかし、昭和五十年代から相次いで堂塔《どうとう》が復興し、今は竜宮造りと呼ばれた創建当時の姿を見ることができる。

その礎《いしずえ》を築いたのが故・高田好胤《たかだこういん》師だ（五四ページ参照）。檀家《だんか》を持たない薬師寺は資金を善意の寄付に頼るしかない。このため高田師が考えだしたのが、「写経勧進《しゃきょうかんじん》による復興」だった。

昭和五十一（一九七六）年の金堂《こんどう》に続き、同五十六（一九八一）年には西塔《さいとう》が復興。四百五十年ぶりに東西両塔が並び立った。同五十九（一九八四）年には中門《ちゅうもん》、平成三（一九九一）年には白鳳伽藍の北に、新たな玄奘三蔵院《げんじょうさんぞういん》伽藍も完成している。

高田師は平成十年に亡くなるが、写経が七百万巻《がん》を超えた平成十五年、世界最大級の木造建築・大講堂が落慶《らっけい》。

現在の白鳳伽藍は、復興事業にかける情熱と、多くの人びとによる写経勧進の結晶なのである。

はじめてここに足を踏み入れた人は、世界遺産という肩書きから抱くイメージと、真新しさとのギャップに戸惑うかもしれない。しかし、現在の姿こそが創建当時の薬師寺の姿なのである。

仏像は金色に輝き、緑や朱に塗られた伽藍が翼を広げるように美しく、整然と佇《たたず》んでいた。その当時を偲《しの》んでいただきたい。

西塔から東塔と金堂を望む。高田師の情熱が、東塔のみの伽藍をここまで蘇らせた

大講堂は高さ17m、桁行き41m、奥行き20m。堂内には弥勒三尊や仏足石などを安置する

千年先を見据《みす》えた〝最後の宮大工《みやだいく》〟

高田好胤《たかだこういん》師とともに白鳳伽藍《はくほうがらん》復興に半生を捧《ささ》げたのが、法隆寺《ほうりゅうじ》の宮大工だった西岡常一《にしおかつねかず》棟梁《とうりょう》（一九〇八〜九五）である。豊富な知識と経験を誇る西岡棟梁に、高田師は夢を託《たく》した。

西岡棟梁は復興にあたり、当時を再現するだけではなく、千年先に残ることを目指した。そのため槍《やり》鉋《がんな》や手斧《ちょうな》といった、創建当時に使われていた鋭利《えいり》な工具を再現。また、遠く台湾まで樹齢千年を超すヒノキを探し求める一方、鍛冶《かじ》職人には千年錆《さ》びない和釘《わくぎ》づくりを依頼した。

法隆寺の伽藍は、千年以上も昔の姿を今も保っている。幼い頃から修復に携わり、その理由を知り尽くした西岡棟梁にとって、白鳳時代の工法こそ千年先を保証できる唯一の方法だったのだ。

実は金堂《こんどう》再建の際、西岡棟梁は火災を懸念《けねん》して木造建築を認めない行政側と対立した。妥協案《だきょうあん》として仏像の周辺のみ鉄筋コンクリートを用いたが、西岡棟梁は「木は千年もつが、コンクリートは三百年しかもたない」と強く主張したという。

西岡棟梁は耐久性だけでなく、見た目の変化にも気を配った。たとえば東塔《とうとう》の屋根は、西塔《さいとう》に比べると傾斜がきつい。年月とともに自らの重みで軒が下がってしまったのだ。

そこで西塔の屋根が千年後に東塔と揃うよう、軒先を創建当時の位置からさらに三〇センチ高くした。東塔を模した以上、東塔より頑丈にはならない。そのため軒先もより下がると計算したのだ。

また、東塔に比べて基壇《きだん》を八〇センチ高く、柱を三三センチ長くした。千年後、塔は自らの重みでその程度は沈み、木も縮むと予測したという。

西岡棟梁も高田師と同じく志半《こころざしなか》ばでこの世を去ったが、その技と心は現場で働く弟子たちにしっかりと受け継がれた。白鳳伽藍はまさに〝最後の宮大工〟による、一世一代の大仕事だった。

裳階の下の連子窓など、西塔には東塔とわずかな違いが見られる。しかし東塔は後に改造されており、完成当時はこのようだった

薬師三尊像《やくしさんぞんぞう》

奈良がシルクロードの終着点であることを静かに物語る

金堂《こんどう》に安置された薬師寺の本尊《ほんぞん》は、薬師如来坐像《にょらいざぞう》を中央に、向かって右に日光菩薩立像《にっこうぼさつりゅうぞう》、左に月光《がっこう》菩薩立像を従えた三尊像だ。

本来は銅の上に鍍金《ときん》が施され、金色に輝いていたという。ところが、享禄《きょうろく》元（一五二八）年の兵火で焼け焦げ、現在のような姿に変色してしまった。しかし黒光りする姿が、三尊に威厳《いげん》と存在感を与えている。

薬師如来は医王《いおう》如来ともいい、心身の病を癒《いや》す仏として、白鳳《はくほう》時代につくられるようになった。とくにこの薬師如来は母性的な表情をたたえ、多くの人びとの信仰を集めたという。

日光・月光の両菩薩立像は、薄い衣に見事に整った肉体が包まれ、それを誇示《こじ》するかのように体をひねった姿が印象的だ。頭部と上半身、下半身をＳ字（もしくは逆Ｓ字）にくねらせるのは三曲法《さんきょくほう》と呼ばれ、身体の線を強調するためにインドで編みだされた様式である。

薬師如来が座る銅製の台座も、国際色豊かな白鳳文化を伝えている。形状が「宣」という字に似ていることから宣字座《せんじざ》とも呼ばれている。

その台座の側面にはギリシャの葡萄唐草文様《ぶどうからくさもんよう》、ペルシャの蓮華《れんげ》模様、インドから伝わった力神《りきじん》の裸像があしらわれている。さらに中国の四方四神《しほうしじん》も描かれ、薬師如来に劣らぬ存在感がある。国境を越えた図柄は、奈良がシルクロードの終着点であることを感じさせる。

間近で拝めるのも人びとに愛された理由だろう

【中央・薬師如来坐像】像高254.7cm。足裏に注目しよう。千幅輪文と呼ばれる不思議な文様を見ることができる。両脇に立つ二像や台座とともに国宝に指定されている
【右・日光菩薩立像】像高317.3cm。流れるような衣と、それに包まれた肉体美。シルクロードの影響により、日本の美術史が花開いた白鳳時代の傑作のひとつだ
【左・月光菩薩立像】像高 315.3cm。脇士として日光菩薩と見事に対をなす

足の大きさは右が47.7㎝、左が48.8㎝もある。国宝で、大講堂に安置

仏《ぶつ》足《そく》石《せき》

天平《てんぴょう》時代の仏《ぶつ》足《そく》石《せき》信仰を伝える巨岩

インドでは仏像がつくられるまで、釈迦《しゃか》の足の裏を石に彫りこんだ仏足石が信仰の対象だった。日本でも八世紀の天平時代、同じように釈迦の足跡を崇《あが》める習慣があったという。

薬師寺にはそうした仏足石信仰を示す、日本最古の仏足石が残されている。銘文《めいぶん》によると、インドの鹿野苑《ろくやおん》にあった仏足跡を、唐《とう》の王玄策《おうげんさく》が模写。遣唐《けんとう》使《し》の一人がさらに書き写し、日本に持ち帰った。そして天平勝宝《しょうほう》五（七五三）年、夫人の死を悼《いた》んだ天《てん》武《む》天皇の孫・文室真人智努《ふんやのまひとちぬ》の命によって、石に刻まれたとされる。

石は六面体の上面に仏足跡、周囲の四面に銘文《めいぶん》が彫られている。足跡には月や魚、ほら貝など、瑞祥《ずいしょう》文《もん》七相といわれる八つの絵柄が見える。これは仏を帝王にたとえ、統治《とうち》に必要な宝物を描くことで、その偉大さを表現しているという。

聖観世音菩薩立像《しょうかんぜおんぼさつりゅうぞう》

美しいプロポーションを誇る白鳳《はくほう》時代の傑作《けっさく》

伽藍《がらん》の東南にある東院堂《とういんどう》は、養老《ようろう》年間（七一七〜七二四）に吉備内親王《きびないしんのう》が元明《げんめい》天皇を供養《くよう》するために建てた堂宇《どうう》。その後、焼失、再建、修理をへて今にいたる。

その本尊《ほんぞん》とされるのが聖観世音だ。まっすぐ背筋を伸ばし、流れるような薄い衣の下には、くびれた腰と細い脚が透けて見える。日本屈指の美しい観音像といわれ、清楚《せいそ》ななかにも色気が感じられる。

像高188.9㎝。東院堂とともに国宝に指定されている

東院堂は鎌倉時代後期、弘安８（1285）年再建

玄奘《げんじょう》三蔵《さんぞう》院《いん》・大唐《だいとう》西域《さいいき》壁画《へきが》

遥《はる》かな旅路《たびじ》を壮大なスケールで描いた

中央の 3 枚が「西方浄土　須弥山」。若き日の平山画伯は玄奘三蔵を描いた作品で絵画展に入選。以来、玄奘三蔵に並々ならぬ想いを寄せてきた。格天井を飾る248枚のパネルも、シルクロードの夜空を表した平山画伯の作だ

玄奘三蔵の遺徳《いとく》をたたえるために造営された玄奘三蔵院伽藍《がらん》。その回廊の奥、壁画殿《へきがでん》には、平成十二（二〇〇〇）年の大晦日に奉納された、平山郁夫《ひらやまいくお》画伯《はく》の大作「大唐西域壁画」が納められている。

壁画は七場面・十三枚からなり、玄奘三蔵が長安《ちょうあん》からナーランダへ十七年かけて旅した様子を表している。構想から完成まで三十年以上。高さは二・二メートル、横は実に四九メートルにも及ぶ。

その中央を飾る壁画殿の本尊が、ヒマラヤを描いた「西方浄土《さいほうじょうど》　須弥山《しゅみせん》」の三枚。須弥山とは仏教の世界観に登場する聖なる山で、世界の中央にそびえているとされる。幾重にも塗り重ねられた山肌の上に、白く輝く雪、そして澄みきった青空。見る者を玄奘三蔵の旅に引き込む、神秘的で力強い作品だ。

壁画殿の公開日は年によって異なるが、通常は春期・秋期の年二回（詳しくは要確認）。

修《しゅ》二《に》会《え》花《はな》会《え》式《しき》

大和に春の到来を告げる雅《みやび》やかな行事

例年三月三十日から四月五日の間、盛大に行われる薬師寺の伝統行事。

嘉承《かしょう》二（一一〇七）年、堀河《ほりかわ》天皇が、病に臥《ふ》した皇后の快癒《かいゆ》を薬師如来《やくしにょらい》に祈願すると見事に回復された。皇后は感謝の気持ちを込め、修二会に梅や桃、桜など十種の和紙の造花を供えた。それがはじまりだ。

薬師三尊像を色とりどりの造花が取り囲み、金堂《こんどう》内には仏を讃《たた》える僧侶の声が響き渡る。さらに伽《が》藍《らん》では舞楽《ぶがく》や能楽《のうがく》が奉納され、幻想的な雰囲気になる。

白鳳伽藍に優雅な舞楽が見事調和する

厳かななかにも華やかさが感じられる花会式。他に献茶や鬼追式も行われる

白鳳伽藍

【薬師寺】奈良県奈良市西ノ京町457、☎0742(33)6001、8時30分〜17時、拝観料500円(大唐西域壁画殿公開期間は800円)、写経道場は受付9〜16時、納経料・般若心経1巻2000円、近鉄西ノ京駅からすぐ。http://www.nara-yakushiji.com/

玄奘三蔵院伽藍

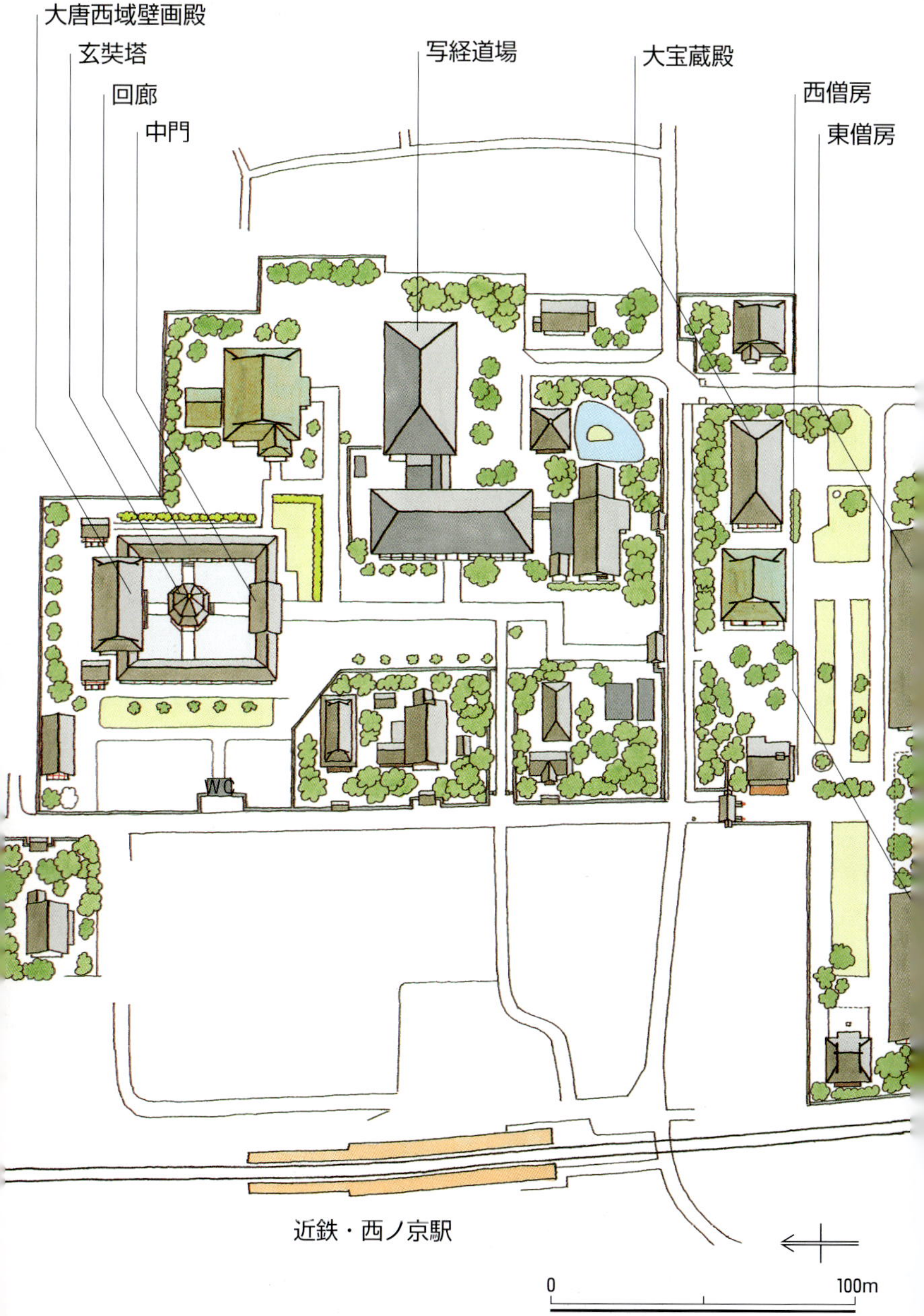

大唐西域壁画殿
玄奘塔
回廊
中門
写経道場
大宝蔵殿
西僧房
東僧房
WC
近鉄・西ノ京駅
0
100m

第四番

唐招提寺《とうしょうだいじ》

【宗　派】律宗総本山《りっしゅうそうほんざん》
【所在地】奈良県奈良市五条町《ごじょうちょう》一三―四六

鑑真和上《がんじんわじょう》は唐《とう》を出発し、十二年もの歳月をかけ、苦闘に苦闘を重ねて盲目になりながらわが国に渡り、初めて正式な戒律《かいりつ》を伝えた。その鑑真和上が創建したのが唐招提寺である。

端正な伽藍《がらん》は、その不屈の意志をいまに伝えている。

創建当時、この寺は都の中心にあった。しかし、現在は美しい木立《こだち》に抱《いだ》かれ、深い静謐《せいひつ》のなかにある。

門を入り、乾いた白砂を踏みながら進めば、あたりに鑑真和上の寡黙《かもく》な思いが満ちる。

秘宝の鑑真和上坐像・国宝。天平宝字７（763）年作の、わが国最古の肖像彫刻。存命中に制作された「寿像」。鑑真の高弟、忍基らにより、忠実にその姿を写しとった、生けるがごとき像である

歴史 戒律《かいりつ》伝授と弟子の育成に力を注いだ鑑真《がんじん》が修養道場として建てた日本初の私立の寺

天平宝字《てんぴょうほうじ》三（七五九）年、鑑真和上《わじょう》が、戒律研鑽《けんさん》のための私立道場として開いた「唐律招提《とうりつしょうだい》」が、この寺の前身である。

「授戒大師《じゅかいだいし》」とも称され、唐《とう》の代表的な高僧だった鑑真は、聖武《しょうむ》天皇の招きに応じて日本へ密航した。しかし、密告や舟の難破などで五度の航海を失敗した末、天平勝宝《しょうほう》五（七五三）年、ようやく日本の土を踏んだ。十二年が過ぎていた。それは弟子たちの命や自らの視力をも失う、苦難の道のりだった。

大仏開眼供養会《かいげんくようえ》がとり行われた二年後、鑑真は東大寺へ迎えられた。聖武天皇より仏教の戒律に関するすべてを一任され、天平勝宝七（七五五）年、東大寺に戒壇院《かいだんいん》を建立《こんりゅう》する。以後五年間、鑑真は戒壇院付近に住み、戒律の伝導に努めた。

天平宝字元（七五七）年、功労が認められた鑑真は、朝廷から余生を過ごすための土地として新田部《にいたべ》

●唐招提寺年表

七四二年	（天平十四）	栄叡《ようえい》と普照《ふしょう》、揚州《ようしゅう》にて鑑真に聖武天皇の伝戒来日要請を伝える。
七四三年	（天平十五）	第一、第二次の日本への渡航に失敗。
七四四年	（天平十六）	第三、第四次の渡航に失敗。
七四八年	（天平二十）	第五次渡航失敗。海南島《かいなんとう》に漂着。
七四九年	（天平勝宝元）	栄叡、亡くなる。
七五〇年	（天平勝宝二）	鑑真（六十三歳）、失明する。
七五三年	（天平勝宝五）	鑑真（六十六歳）、鹿児島に到着。
七五四年	（天平勝宝六）	東大寺大仏殿前で聖武太上天皇、孝《こう》謙《けん》天皇、光明《こうみょう》皇太后ら四百四十人に授戒。
七五九年	（天平宝字三）	譲り受けた新田部親王旧宅の地に、私寺、唐律招提を創建。
七六〇年	（天平宝字四）	平城宮の東朝集殿《ひがしちょうしゅうでん》を移し、講堂《こうどう》とする。
七六三年	（天平宝字七）	弟子の忍基《にんき》が講堂の梁《はり》が折れる夢を見て、鑑真和上像の制作に着手。旧暦の五月六日、鑑真（七十六歳）没。
一二四四年	（寛元二）	覚盛《かくじょう》、勅命で唐招提寺に入る。
一八九九年	（明治三十二）	金堂《こんどう》の明治大修理完了する。
二〇〇〇年	（平成十二）	十年計画で、金堂の平成大修理開始。

親王《しんのう》の旧宅を賜《たまわ》った。そして、翌年「大和上《だいわじょう》」の尊号を贈られた。鑑真は当時七十一歳だったが隠居はせず、賜った地に私寺「唐律招提」を開いた。「唐」は大に通じ、「招提」はサンスクリットの音写で四方という意味。寺の名には、人種を問わず、四方より僧が集い、学ぶ場所という意味がこめられた。

平安時代初頭、伽藍《がらん》がほぼ整ってきたとき、寺号は「唐招提寺」と改められた。

末寺二十ヵ寺を持つ律宗《りっしゅう》の総本山として、現在も、鑑真の遺志を伝えつづける。

南大門の奥には、独特の構成美をもつ建造物群が広がる。境内は、「伽藍の交響楽」とたたえられる

〝おほてらの　まろきはしらの　つきかげを　つちにふみつつ　ものをこそおもへ〞金堂の列柱をこう詠んだのは、歌人の会津八一だった。また哲学者の和辻哲郎も、「東洋に現存する建築のうちの最高のもの」と、エンタシスの柱が見事な金堂を絶賛している

鑑《がん》真《じん》和《わ》上《じょう》坐《ざ》像《ぞう》

「仏教に国境も人種の壁もない。誰もゆかぬのなら我がゆかん」

鑑真和上坐像・国宝・御影堂。高弟・忍基らにより、鑑真の存命中に制作されたといわれる肖像彫刻。忍基が講堂の梁（はり）が折れる夢を見て、和上の死期が近いことを悟り、急遽制作したと鑑真の業績を記した『東征伝』にある。唐招提寺の精神的な指導者を、弟子たちは見事に写しとり、後世に残したのだ

天平《てんぴょう》時代の初期、仏教伝来から二百年が経っていたにもかかわらず、日本には正式な僧がいなかった。正式な僧として認められるには、三人の戒師《かいし》と七人の証明師が立ち会う「三師七証《さんししちしょう》」という儀式を受ける必要があったが、当時の日本には、それを行える導僧も、仏徒の生活規範である「戒律《かいりつ》」を指導する師僧すらも、いなかったのだ。

そんな日本の仏教界を危惧《きぐ》した聖武《しょうむ》天皇は、唐《とう》から師僧を招くことを考えた。そして、天平五（七三三）年、栄叡《ようえい》と普照《ふしょう》の二人の僧を唐へと派遣した。入唐十年目、留学僧として修行をしていた栄叡と普照は、揚州大明寺で高僧・鑑真に会った。

鑑真は、四万人の弟子を持つ唐の宝と呼ばれる名僧で、弟子に日本行きをすすめるが、誰も手を挙げない。ならば自分が、と五十六歳の高齢を押して命懸けの渡航を決心した。

あらゆる苦難を克服した精神と意志の強さがにじみでた、精神の重さが迫る像である。

毎年6月5・6日を含む1週間、鑑真和上の命日「開山忌舎利会」に、鑑真和上坐像の御厨子が開扉される。＊拝観料600円、特別拝観料500円

鑑真《がんじん》の遺徳《いとく》 「伽藍《がらん》の交響楽」と称される境内には鑑真ゆかりの遺構が点在する

境内の広さは、約二万坪。かつては南大門《なんだいもん》、中《ちゅう》門《もん》、金堂《こんどう》、講堂《こうどう》、食堂《じきどう》が一直線に並び、東西の塔も建っていた。東室《ひがしむろ》（僧坊《そうぼう》・礼堂《らいどう》）や、日本最古の校《あぜ》倉《くら》造りである経蔵《きょうぞう》と宝蔵《ほうぞう》などは創建時の建物だ。

鑑真は、仏を祀《まつ》る金堂よりも、僧侶が仏の道を学ぶための講堂を優先して建てよと命じたそうだ。境内には、戒律《かいりつ》を日本に伝えることに尽力した、鑑真の面影を残す遺構が点在している。

【鑑真和上御廟】 御影堂の東の鑑真和上御廟。高さ３m、広さ10㎡ほどの塚の上には、死者を弔う宝篋印塔が置かれている。鎌倉時代に造られたといわれている。御廟のそばには、珍しい「瓊花」（けいか）という花が植えられている。これは、鑑真和上の故郷の名花で、初夏になると、白く可憐な花を咲かせる。

鑑真末期の苦難と栄叡・普照の使命を描いた小説『天平の甍』（井上靖著）の石碑もある

【戒壇】 国分寺建立の詔が発令されると、寺院と僧侶の数が急激に増えた。そのため天平時代には、経も読めない僧が多かったという。戒律を守ろうにも見当もつかなかったのだ。鑑真が戒律を伝えたことで、そうした日本の僧侶の意識や生活は再生された。

「戒」とは、仏教徒としての個人が守るべき道徳的な戒めで、「律」とは、出家者が守るべき生活上の規定である。この戒壇で「僧侶となるための資格を授かる儀式」が行われた

【蓮の花】唐招提寺は「蓮の寺」とも呼ばれる。これは、鑑真が唐から持ってきたと伝わる青蓮の実に由来する。毎年、境内のそこここで、大賀蓮や奈良蓮など、さまざまな蓮が花開く。仏が座る台座を「蓮華座」というように、仏教には蓮の花がよく使われる。それは、泥の中から美しい花が現れる蓮のさまを、現世の混沌のなかから悟りを開くことに重ね合わせたものだという

うちわまき

鑑真《がんじん》の再来とたたえられた覚盛上人《かくじょうしょうにん》を偲《しの》ぶ法要

中興忌梵網会の法要が済むまで、宝扇は講堂に収められる。また、鼓楼周辺や東室の縁には、各界の名士たちによる約3000点の揮毫うちわも飾られる

毎年五月十九日に行われる、華やかな恒例行事である。平安時代に廃《すた》れていた唐招提寺を、鎌倉時代に復興させた覚盛上人の命日に開かれ、別名を「梵《ぼん》網会《もうえ》」ともいう。

行事の由来は、戒律《かいりつ》の「殺生戒《せっしょうかい》」を守り、蚊さえも殺さなかったという覚盛上人の徳を偲んだ法華寺《ほっけじ》の尼僧《にそう》が、せめて扇《あお》いで蚊を払《はら》えるようにと、上人の霊前にうちわを供えたことだといわれている。

梵網経や雅楽の法要が終了した夕方の四時になると、僧たちが、鼓楼《ころう》の高欄《こうらん》から三千本の宝扇《ほうせん》と呼ばれるハート形のうちわと餅をまく。集まった参拝者は、両手をのばし、先を競ってそれを奪い合う。

宝扇には、魔障《ましょう》を祓《はら》う真言が梵字《ぼんじ》で描かれており、古くから、農家の害虫除けや雷・火難の魔除けとされているそうだ。運良く手にできたら持ち帰り、玄関の鴨居《かもい》に飾るのが習わしだという。

3000本の宝扇と3000個の餅がまかれるたびに、群衆にどよめきと歓声が起こる。ハート形のうちわは、家内安全、願望成就の護符

◉宝扇《ほうせん》の製作

うちわまき当日にまかれる宝扇は、寺の手作りだという。毎年、寺人数名で八千本を作っているそうだ。

その作業現場が休憩所の奥にあったので、見学させてもらった。手際よく軸に紙を糊づけし、一本ずつ丁寧に仕上げていた。根気のいる作業であるが、そのスピードはとても速い。おしゃべりしながら、見る見る仕あげていく。

赤く縁取られたうちわには、梵字が描かれていた。

この宝扇は休憩所で販売もしている。〝魔除け〟として求める参拝客が多いそうだ。（一本一〇〇〇円）

寺宝　人びとを導き救う、黄金に輝く千体の仏と千本の手

盧《る》舎《しゃ》那《な》仏《ぶつ》坐《ざ》像《ぞう》　国宝・金堂・奈良時代

金堂の本尊。像高3.05m。蓮華の台座総高2.03m。光背には864体もの化仏（けぶつ）がびっしりと配置されている。宇宙最高の存在である盧舎那仏が法力を発揮し、全宇宙の仏を集めて説教をしている光景を表したものだという。当初、化仏は1000体あったと推測される。

千《せん》手《じゅ》観《かん》音《のん》立《りゅう》像《ぞう》　国宝・金堂・奈良時代

像高5.4m。わが国最古最大の千手観音。あの手この手で人びとを救おうとする千の手は、多種多様の持ち物を携えている。額には心のなかまで見通すという第三の目があり、千の掌すべてにも目が刻まれている。密教の流れをくむこの仏は、正式名を千手千眼観世音菩薩という。

※二〇〇〇年から金堂は、十年計画の大修理を行っている。それにともない、金堂に安置されていた四天王立像などは講堂に、薬師如来立像は奈良国立博物館に移されている。盧舎那仏坐像と千手観音立像は、現在唐招提寺内で修復中のため非公開となっている。

境内の風景

木立《こだち》のなか、美しい配置で立ち並ぶ諸堂や土塀に、四季の表情が映る

春◉さつきと鐘楼　鐘楼をこんもりと覆い隠す、満開のさつき。毎年、春の連休前後に開花する。鐘楼は、金堂と講堂の間に、鼓楼と東西に正対して建っている

冬が緩《ゆる》みだすと、境内の梅や橘《たちばな》の花がほころびはじめる。続いて、醍醐井《だいごい》と本坊《ほんぼう》の間にある藤棚《ふじだな》が白《しろ》藤で覆われる。初夏には、太古の蓮《はす》として有名な大《おお》賀《が》蓮をはじめ、さまざまな蓮が泥のなかから現れる。そして秋。唐招提寺を代表する花である萩《はぎ》は、参道をふくむ境内の広い範囲で清楚《せいそ》に揺れる。唐招提寺の境内には、奥ゆかしい花木が似合う。

夏◉瓊花と御影堂　瓊花は、スイカズラ科に属し、晩春から初夏にかけて咲く。鑑真和上の故郷、中国江蘇省揚州市の名花

秋◉紅葉と東門への小径　御影堂から東門へ向かうと、土塀の続く小径がある。右手は、鑑真和上御廟への小門。紅葉も映えるが、中秋の名月の、観月讃仏会の頃に咲く萩も名高い

冬◉雪の金堂　唯一現存する、奈良時代建立の金堂。並ぶ円柱は天平の香りを漂わせる。平成12（2000）年から10年計画で修理が行われているため、現在は拝観できない

【唐招提寺】 奈良県奈良市五条町13-46、☎0742(33)7900、8時30分〜17時(入門締切16時30分)、拝観料600円・御影堂(開山忌舎利会期のみ)500円・新宝蔵拝観料100円、近鉄西ノ京駅から徒歩8分。

境内地図
唐招提寺

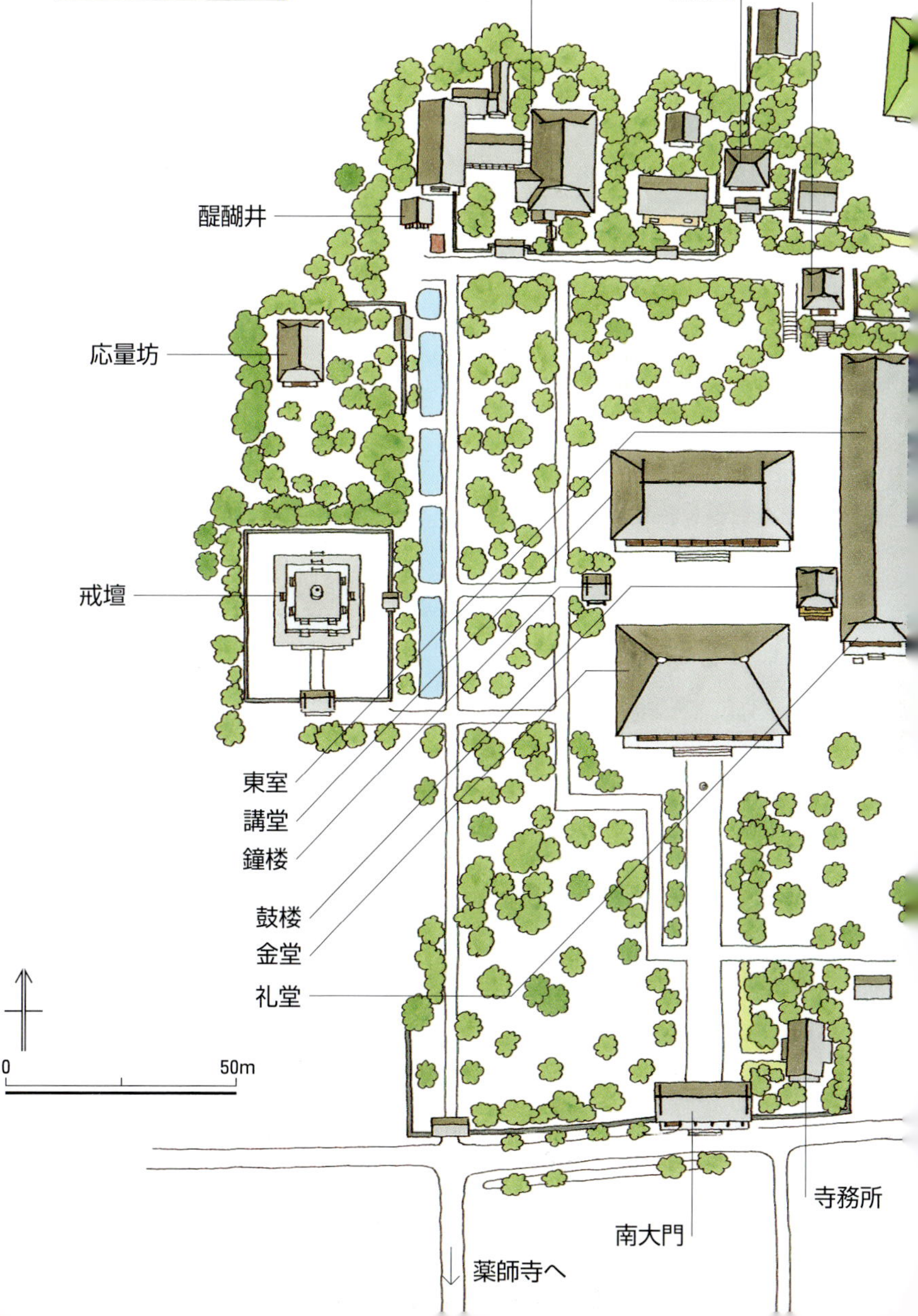
本坊
地蔵堂
本願殿
（旧開山堂）
醍醐井
応量坊
戒壇
東室
講堂
鐘楼
鼓楼
金堂
礼堂
0
50m
寺務所
南大門
薬師寺へ

律《りっ》宗《しゅう》と日本の仏教各宗派について

仏教が大陸から日本へ伝わったのは、古墳時代といわれる六世紀前半までさかのぼる。

飛鳥時代には日本初の公式仏教寺院として飛鳥寺が建立《こんりゅう》され、聖徳太子《しょうとくたいし》や蘇我《そが》氏が仏教を擁護《ようご》した。その後、白鳳《はくほう》文化が育《はぐく》まれ、奈良時代に入ると、仏教は政教一致の思想のもとに、国家的色彩を強め発展をとげていった。

いま日本には、仏教の主な宗派が十三宗ある。それらは、奈良・平安・鎌倉・江戸の四つの時代に発生している。

	系統	宗派名	開祖	本山
奈良時代	南都六宗	法相宗	道昭	薬師寺ほか
		律宗	鑑真	唐招提寺
		華厳宗	良弁	東大寺
平安時代	密教系	真言宗	空海	金剛峯寺ほか
	密教・法華系	天台宗	最澄	延暦寺ほか
鎌倉時代	浄土系四宗	浄土宗	法然	知恩院
		浄土真宗	親鸞	西本願寺ほか
		時宗	智真	清浄光寺
		融通念仏宗	良忍	大念仏寺
	禅系	臨済宗	栄西	建仁寺ほか
		曹洞宗	道元	永平寺ほか
	法華系	日蓮宗	日蓮	久遠寺ほか
江戸時代	禅系	黄檗宗	隠元	万福寺

五木さんのおすすめスポット

唐《とう》招《しょう》提《だい》寺《じ》 休《きゅう》憩《けい》所《じょ》

鑑《がん》真《じん》ゆかりのグッズが買える

金堂《こんどう》の東にある休憩所では、唐招提寺ならではの商品を販売している。人気なのは、大豆を焙煎《ばいせん》して砕いたものをベースに複数の野草を加えた「鑑真茶」七〇〇円。

鑑真が日本に伝えたものは仏教の教えだけではない。味噌《みそ》や漢方薬など食べ物や文化も運んだ。香の原料である麝香《じゃこう》や沈香《じんこう》も、伝えたという。

左から鑑真茶、肩掛けのトートバッグ1400円、爽やかな鑑真香1800円

来日を果たした鑑真は、唐《とう》の生活をそのまま日本に伝えようとした。唐から持ち込んだものに、仏像、典籍《てんせき》、仏具、薬品、香料などがある。また、味噌の語源は、聖武《しょうむ》天皇が「この味未《み》曾《そ》有《う》なり」と言ったことにあるといわれるのだが、その味噌も鑑真が千二百五十年前に来日したときに運んだものだといわれている。砂糖もそうだ。

現在のわたしたちの暮らしにも鑑真の影響は残っているのだ。

萬《ばん》京《きょう》　薬師寺の双塔を見つつ舌鼓

薬師寺の敷地内に建つ、豪華な書院造りの料亭。名物の「水煙《すいえん》蒸し料理」は、ガラス器のなかに焼いた石を置き、水を差し入れ、野菜や和牛、魚介などの具材を蒸しあげる独特な料理である。単品でも味わえるが、三〇〇〇円のコースなら、柿の葉寿司や豆腐料理、さらにお土産に人気のわらび餅もつく。

離れ感覚の茶室をはじめ洋間や座敷など、個室席は6室。静かな環境で落ち着ける。昼5000円、夜8000円～の食事の場合に個室が利用できる

湯気と香りが立ち上る、名物の水煙蒸し料理

【萬京】地図P87A3
奈良市六条町410、☎0742・33・8942、11時30分～22時、月曜（ただし祝日または薬師寺と唐招提寺の行事がある場合は翌日）・年末年始休み、＊個室は別途室料として一人500円

メインダイニング右奥の席からは、薬師寺の双塔の水煙が見える

西《にし》の京《きょう》地《じ》酒《ざけ》処《どころ》　きとら

飛鳥の蘇1000円、乳華680円

唐招提寺門前にある、こだわりの酒屋。奈良の地酒はもちろんのこと、大和にちなんだ個性派商品が豊富だ。チーズとクッキーの中間の味わいを持った「飛鳥の蘇《そ》」や、牛乳から作った酒の「乳華《にゅうか》」が評判。売り切れ御免だ。地方発送、インターネット販売もある。

【西の京地酒処きとら】地図P87A2
奈良市五条町3-30、☎0742・33・2557、9～22時、火曜定休

がんこ一徹《いってつ》長屋《ながや》　ガラス工房《こうぼう》はんど

時を超えた装飾、とんぼ玉

バラ、蓮のモチーフ各3万5000円、百合2万8000円。深い色合いの銀河は1万8000円

職人技を見学しながら、土産選びもできる

一刀彫り、赤膚《あかはだ》焼《や》き、表具、茶筅《ちゃせん》、漆工芸、そしてとんぼ玉と、奈良に伝わる伝統工芸を継ぐ、六人の職人が軒《のき》を連ねる長屋である。それぞれが作品をその場で製作、販売している。

とくに女性に人気があるのは、「ガラス工房はんど」。紀元前二〇〇〇年以前から作られているという「とんぼ玉」が主な商品である。ガラスにもかかわらず、金槌《かなづち》で叩いても割れにくい。この伝統工芸に魅せられた大鎌《おおかま》章弘《あきひろ》氏の作品を、一生ものとして集める人も少なくない。

【がんこ一徹長屋　ガラス工房はんど】地図P87A2　奈良市西ノ京町215-1、☎0742・40・1567、入場10時～16時30分、月曜（祝日の場合は翌日）・8月・年末年始休み、入場500円

心月亭《しんげつてい》

友人たちと囲む特大うどん

「がんこ一徹長屋」内にあるうどん屋。すうどん、ざるは各五〇〇円、きつねは六〇〇円。名物は、「大和うどん（四人前二〇〇〇円）」だ。釜揚げうどんを数人で囲んで食べる。巨大な器に驚く人が多い。

【心月亭（がんこ一徹長屋敷地内）】地図P87A2　☎0742・41・0948、10～17時、月曜（祝日の場合は翌日）・年末年始休み、がんこ一徹長屋の入場500円

店内には6人用の座卓2卓、4人用テーブルが2卓、カウンター5席

第五番

秋篠寺

あきしのでら

【所在地】奈良県奈良市秋篠町七五七

平城宮跡《へいじょうきゅうせき》の地に延びる佐紀路《さきじ》。辺りは静かな住宅街で、その一角に、秋篠寺はポツリと佇《たたず》む。

「あきしの」という美しい響きに魅《み》せられて、人びとは、この寺を訪れる。

一歩門をくぐると、その言葉のイメージを裏切らない光景が広がる。

緑と苔《こけ》と樹木に誘われて、本堂《ほんどう》へと進む。白い玉砂利《たまじゃり》の向こうに
本堂がどっしりと座り、そのなかで、伎芸天立像《ぎげいてんりゅうぞう》をはじめ多くの仏像が瞑想《めいそう》している。

多くの文人や歌人を魅了してきた
伎芸天立像。うっすらと開いた目
はまるで何かを憂えるようだ

歴史　皇室ゆかりの寺として平安時代から今日まで佐紀路《さきじ》に佇《たたず》む

奈良時代末期、宝亀《ほうき》七（七七六）年に光仁《こうにん》天皇の勅願《ちょくがん》により、興福寺《こうふくじ》の僧正善珠大徳《そうじょうぜんじゅだいとく》が造営《ぞうえい》・開基《かいき》したとされている。一方、この場所は豪族《ごうぞく》秋篠氏の領《りょう》地《ち》であり、その氏寺《うじでら》だったのを、光仁天皇が特別の加護《かご》を与えたという説もある。

開基直後には、桓武《かんむ》天皇の息子・安殿親王《あてのみこ》（後の平城《へいぜい》天皇）の快気祈願が行われるなど、皇室とのゆかりは深い。開基当初は金堂《こんどう》や東西両塔などがあり、一大伽藍《がらん》を形成していた。

宗派は法相宗《ほっそうしゅう》だったが、やがて真言宗《しんごんしゅう》も兼ねて密教の道場として栄えた。

しかし保延《ほうえん》元（一一三五）年兵火《へいか》に遭《あ》い、講堂《こうどう》の一部を残して、建物・仏像の大部分を焼失。鎌倉時代に入ってから講堂が改修されて本堂《ほんどう》となり、安土《あづち》桃山《ももやま》時代にかけて南門《なんもん》の再興《さいこう》や、仏像の修復作業が行われた。

●秋篠寺年表

七七六年（宝亀七）	薬師如来《やくしにょらい》を本尊として開基。奈良から京都への遷都《せんと》後も、桓武天皇の勅命《ちょくめい》で造営が続けられる。
一一三五年（保延元）	金堂や東西両塔など伽藍のほとんどを焼失。主な建物では講堂のみが残る。
鎌倉時代初期	講堂が修復されて本堂となる。
一八六八年（明治元）	無住職になると同時に浄土宗《じょうどしゅう》へ転じる。
一九四九年（昭和二十四）	単立の宗教法人として復興を果たす。

南門をくぐると苔庭が広がる

明治維新には廃仏毀釈《はいぶつきしゃく》により無住職となり、昭和二十四（一九四九）年、どの宗派にも属さない寺院として復興した。

古くから皇室とも密接な関係に

秋篠寺には本堂にある諸尊のほか、大元帥法《たいげんほう》の本尊である秘仏・大元帥明王立像《たいげんみょうおうりゅうぞう》が祀《まつ》られている。大元帥法とは唐《とう》から伝えられた秘法で、日本では国家の鎮護《ちんご》と天皇の長寿を祈る行事として、平安時代から明治維新まで宮中《きゅうちゅう》で毎年正月に行われていた。

香水閣の水は、まろやかで口当たりがよい

東門の近くには霊水《れいすい》が湧く香水閣《こうずいかく》があり、大元帥法ではこの井戸で汲《く》んだ水が用いられてきた。普段は中を見ることはできないが、毎年六月六日の秘仏公開時は一般にも公開され、その霊水を飲むことができる。

文人たちに愛された佇まいを今に残す

近代以降の歌人や作家によって多くの歌や句に詠《よ》まれ、文学や仏像を好む人びとに愛される寺である。

一方、皇室とのゆかりは依然として深く、平成二（一九九〇）年には、礼宮《あやのみや》さまと紀子《きこ》さまとのご成《せい》婚《こん》に際して、宮号《みやごう》をこの寺名にちなんで、秋篠宮《あきしののみや》とされた。

このため、それまでは大人数の団体客や子供だけの参拝を断って、静かな雰囲気を保っていた秋篠寺も、一躍人気の観光スポットになった。伎芸天立像《ぎげいてんりゅうぞう》の横顔が紀子さまに似ている、と騒がれたこともある。

しかし今、境内はようやく静けさを取り戻し、美しい苔や季節ごとの花々を眺めながら、寺の佇まいを愛する人びとがゆったり参拝している。

伎芸天立像《ぎげいてんりゅうぞう》　憂《うれ》いを帯《お》びた姿から多くの文人《ぶんじん》たちに愛された天女《てんにょ》

　本堂《ほんどう》には本尊《ほんぞん》の薬師如来坐像《やくしにょらいざぞう》を中心に、大小さまざまな仏像が横一列に並んでいる。その左端に、他の像と少し離れて立つ像がある。この寺で最も人気のある伎芸天立像だ。

　伎芸天とは大自在天《だいじざいてん》（ヒンドゥー教のシヴァ神）の髪の生え際《はえぎわ》から生まれた天女で、伎芸に秀でていたと伝えられる。かつては日本全国にその像が存在したといわれるが、現存するのは秋篠寺が唯一とされる。

「体度豊満にして贅肉なく、容貌窈窕《ようちょう》にして阿娜《あだ》ならず」（『国華《こっか》』）

　古書《こしょ》は伎芸天立像をこう形容《けいよう》している。美貌《びぼう》だが媚《こ》びるようななまめかしさはない、というわけだ。像の高さは二・〇五メートルであるが、下から見上げると数値以上に大きく感じられる。しかし、威圧感はまったくない。むしろ長く見つめていると、包みこまれるような錯覚さえ覚える。うつむきながら首をやや左に傾け、まるで訪れた者に耳を傾けているかのようだ。

大元堂の裏手には「老いらくの恋」で知られる財界人であり、歌人の川田順（1882〜1966）の歌碑がある

　そんな姿に堀辰雄《ほりたつお》や中村汀女《なかむらていじょ》、川田順《かわだじゅん》ら多くの文人や歌人は魅せられ、作品に伎芸天を残してきた。

　像をよく見ると、頭部と胴体部の色が異なることがわかる。頭部は奈良～平安時代、乾漆《かんしつ》によってつくられたものだが、胴体部は平安時代の大火で焼失し、鎌倉時代に木造で補われている。

　創建当時から大火に見舞われ、明治維新の廃仏毀《はいぶつき》釈《しゃく》では無住職となった、波乱に満ちたこの寺の歴史を、伎芸天はそのまなざしで見守りつづけている。

伎芸天立像・重要文化財・本堂。見る角度によって、伎芸天はその表情をさまざまに変化させる

本堂《ほんどう》　数々の仏像と間近で対面、心を癒《いや》してくれる静寂《せいじゃく》な空間

さして広くない境内には、国宝に指定されている本堂のほか、大元堂《たいげんどう》、開山堂《かいさんどう》などがある。かつては境内がもっと広く、多くの建物が甍《いらか》をつらねていたという。現在、常時内部を拝観できるのは、本堂だけとなっている。

　創建当時、本堂の場所には講堂《こうどう》が建てられており、本堂（金堂《こんどう》）は、いまの本堂とは玉砂利《たまじゃり》を挟《はさ》んだ向かい側に位置する、苔庭《こけにわ》の上にあった。しかし保延《ほうえん》元（一一三五）年の兵火で、本堂をはじめ境内のほとんどが焼失し、わずかに残った講堂の一部が、鎌倉時代に本堂として再建されたのだ。

　内部の床が土間になっており、横長の壇上に伎芸《ぎげい》天立像《てんりゅうぞう》をはじめ、本尊《ほんぞん》の薬師如来坐像《やくしにょらいざぞう》、日光《にっこう》・月光《がっこう》菩薩《ぼさつ》、十二神将《じゅうにしんしょう》などが居並ぶ。

　仏像には照明が当てられているものの、内部は外の光がほとんど入りこまず、薄暗い。目が慣れるまでのしばしの間、壇の向かいの壁際に置かれたベンチに腰を掛けていると、やがて仏像や堂内の暗部が、少しずつ浮かび上がる。

　この本堂の特筆すべき点は、仏像を間近で鑑賞できることだ。像の微妙なディテールを観察するのも楽しいし、表情や仕草に想像をめぐらせるのもいいだろう。

「文化財保護を重視すれば金網を設置すべきかもしれませんが、参拝客に仏像の魅力を感じてもらうため、間近で仰《あお》ぎ見れるようにしております」と、堀内《ほりうち》瑞宏住職《ずいこうじゅうしょく》は説明される。有名無名を問わず、これほど仏像を至近距離で拝める寺院は最近では珍しい。

　表に出ると、白い玉砂利の前庭を隔《へだ》てて庇《ひさし》のついたベンチが置かれている。ここに座って眺めると、黙《もく》して横たわる本堂は、単純、素朴、そして明快である。

桁行き17.45m。鎌倉時代の建築だが、奈良時代の建築様式を強く意識している

左端が伎芸天立像、光背がある中央の像が本尊・薬師如来坐像

大元帥明王立像《たいげんみょうおうりゅうぞう》 年に一度だけ姿を見せる天皇家ゆかりの秘仏

秘仏・大元帥明王は、大元堂《たいげんどう》にひっそりと安置されている。怒りに満ちたその表情は、この神が本来はインドに伝わる悪鬼・曠野神《こうやしん》であったことを物語る。それが仏教に取り入れられ、国家や民衆を守る明王として崇《あが》められるようになった。

平安時代初期、真言宗《しんごんしゅう》の僧常暁《じょうぎょう》が秋篠寺の井戸の水面に、激しい怒りの形相《ぎょうそう》を見た。その後、唐《とう》へ渡った常暁は、栖霊寺《せいれいじ》で大元帥法《たいげんほう》を授けられる。その本尊《ほんぞん》・大元帥明王は、秋篠寺の井戸で見た怒りの形相そのものだった。

像高は229.5㎝

このため、日本に戻った常暁は大元帥法を伝え、秋篠寺には、その本尊・大元帥明王立像が納められた。

大元帥法は、宮中で正月の恒例行事として執《と》り行われ、境内の井戸水を用いた（九三ページ参照）。

大元帥明王立像を祀る大元堂

明王立像は鎌倉時代作の彫像で、隆起《りゅうき》した筋肉と、首や腕に巻きついた蛇が印象的な彫像《ちょうぞう》だ。毎年五月五日には信徒だけに公開されてきたが、信徒以外からも参拝希望の声が多く、現在では、六月六日に一般公開している。

大元帥明王は勝負の神でもあり、受験生のために開帳することもある。旧日本軍の「元帥《げんすい》」という肩書きは、この大元帥明王が由来なのだそうだ。

境内地図
秋篠寺

【秋篠寺】 奈良県奈良市秋篠町757、☎0742(45)4600、
9時30分〜16時30分、拝観料500円、
近鉄大和西大寺駅から奈良交通バス押熊行き「秋篠寺」下車すぐ。

平城宮跡《へいじょうきゅうせき》

千三百年前のロマンが眠る一大宮城《きゅうじょう》

和銅《わどう》三（七一〇）年、元明《げんめい》天皇によって藤原京《ふじわらきょう》から遷都《せんと》してつくられたのが平城京である。長岡京《ながおかきょう》に遷都するまで、七十四年間にわたって日本の首都だった。碁盤目状の町が整備され、人口は十万人とも二十万人ともいわれる。

その中心部が明治になって発掘され、戦後、近鉄の線路が敷設されるのを機に保存のため国有地化。現在では調査・整備も進み、平成十（一九九八）年にはユネスコの世界遺産に登録されている。

盛り土や礎石が置かれる平城宮跡

東西に約一・三キロ、南北に約一キロという広大な敷地に、天皇が暮らす内裏《だいり》、国政や儀式を執り行う大極殿《だいごくでん》、朝堂院《ちょうどういん》などが、唐《とう》の長安城《ちょうあんじょう》を模《も》してつくられた。

造営前は南北に十数メートルの高低差があり、大量の土を削って平地にしたという。また八百棟以上の建築物を造るため、五百万枚以上の瓦を用意。新しく焼いただけでは到底足りず、移転元の藤原京からも古い瓦を運んできたという。木材も遠く近江《おうみ》や伊賀《いが》からも運ばれた。

平成十年には正門にあたる朱雀門《すざくもん》などが復元。また、敷地の西北にある平城宮跡資料館では、発掘の様子や出土した木簡《もっかん》や土器、瓦などを見ることができる。入口ではボランティアによる無料ガイドの受付も行っている。発掘されたままの状態を展示する遺構《いこう》展示館にもぜひ立ち寄りたい。

【平城宮跡】地図P5
奈良市佐紀町、☎0742・30・6752
（奈良文化財研究所）、見学自由
【平城宮跡資料館・遺構展示館】
入館9～16時、月曜（祝日の場合は翌日）・
年末年始休館、入館無料

秋篠寺

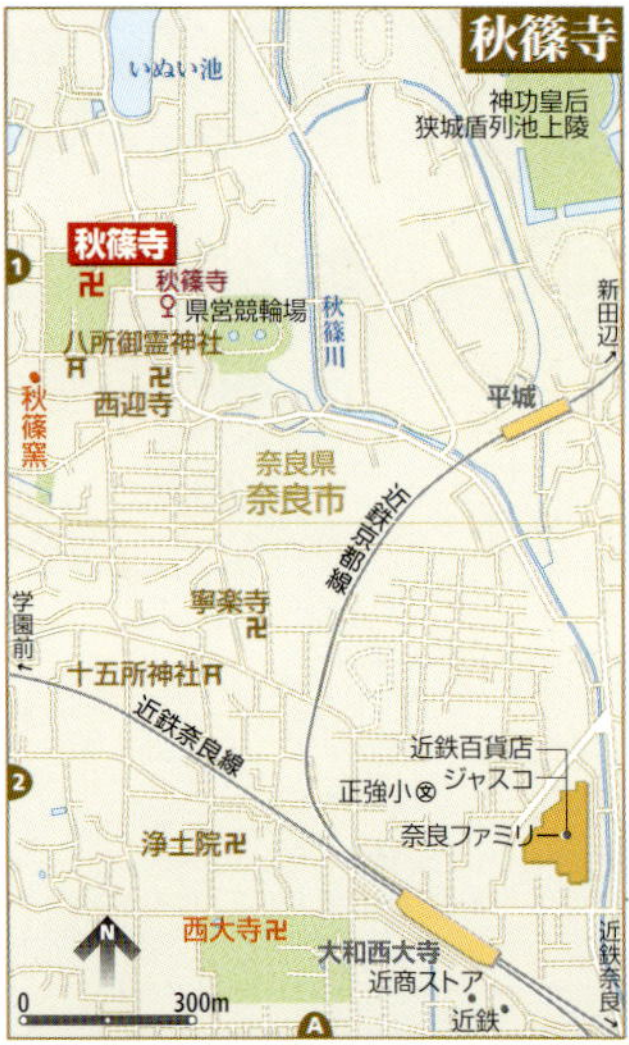

西大寺《さいだいじ》 かつては東大寺と双璧《そうへき》をなす

天平神護元《てんぴょうじんご》（七六五）年、称徳《しょうとく》天皇によって建立《こんりゅう》。真言律宗《しんごんりっしゅう》の総本山《そうほんざん》で、南都《なんと》七大寺のひとつ。

境内には市街地の寺院とは思えない厳《おごそ》かな雰囲気が漂う。創建当時は東西両塔や百棟以上の御堂が立ち並ぶ一大伽藍《がらん》だったという。

本堂。釈迦如来立像《しゃかにょらいりゅうぞう》などを安置

現在では年に三回行われる大茶盛式《おおちゃもりしき》で有名だ。

【西大寺】地図P100A2
奈良市西大寺芝町1-1-5、☎0742・45・4700、8時30分～16時30分（愛染堂は9時～）、本堂拝観400円、聚宝館・四王堂・愛染堂拝観各300円、境内自由

秋篠窯《あきしのがま》 秋篠の里で焼かれる優しい手触りの陶器

秋篠寺周辺はよい土と水に恵まれ、古代は陶器の名産地として繁栄した。

その地に、故・今西洋《いまにしひろし》氏が窯を構えたのが昭和初期である。志賀直哉《しがなおや》や武者小路実篤《むしゃのこうじさねあつ》とも親交のあった氏の跡を継ぎ、現在は二代目の方哉《まさや》さんがその火を守り続けている。

秋篠焼は窯の隣りで販売されている

今も秋篠の里で採れた土でつくる秋篠焼は、独自の釉薬《ゆうやく》によって、窯の前に広がる竹林をイメージさせる色合い。手にすると素朴さのなかに、穏やかなぬくもりが感じられる。

片口小鉢2100円、湯のみ4000円

方哉さんは人間国宝の近藤悠三《こんどうゆうぞう》氏に師事し、磁器の染付《そめつけ》でも活躍している。大自然をテーマにした作風が評価され、作品は国内外の美術館に収蔵されている。

今西方哉さん

【秋篠窯】地図P100A1
奈良市秋篠町651-2、☎0742・44・7338、9時30分～日没、不定休

第六番

法隆寺

ほうりゅうじ

【宗　派】聖徳宗《しょうとくしゅう》総《そう》本山《ほんざん》

【所在地】奈良県生駒《いこま》郡《ぐん》斑鳩《いかるが》町《ちょう》法隆寺山内一―一

蘇我《そが》一族の横暴《おうぼう》に嫌気《いやけ》が差した聖徳太子《しょうとくたいし》は、政界から遠ざかり、斑鳩《いかるが》に理想郷《りそうきょう》を求めて移り住んだ。

その一角に、太子が陣頭指揮《じんとうしき》に立ち、最高の職人と最新の技術によって建設されたのが法隆寺である。

そして生まれた世界最古の木造建築に、およそ六百五十体を数える仏像たち。

千四百年をへた今なお、仏教と美術の夜明けを伝える証人として佇《たたず》んでいる。

聖徳太子を祀る夢殿(ゆめどの)。ここにはかつて太子が暮らす斑鳩宮があった

歴史　聖徳太子《しょうとくたいし》の想いが今も残る、世界最古の木造建築群

法隆寺は、用明《ようめい》天皇自らの病気快癒《かいゆ》の願いから誕生したといわれる。しかし、用明天皇は完成を待たずに崩御《ほうぎょ》、推古《すいこ》天皇と聖徳太子が遺志を継いで、推古十五（六〇七）年に寺と本尊《ほんぞん》を完成させた。

五重塔や金堂《こんどう》などは世界最古の木造建築物とされ、平成五（一九九三）年には日本で初めてユネスコの世界遺産に登録された。無数の文化財を所蔵し、国宝・重要文化財だけでおよそ百九十件、仏像だけでも約六百五十体があるという。

今も論争が続く再建論と非再建論

『日本書紀《にほんしょき》』によると天智《てんじ》九（六七〇）年に「災《ひつ》けり。一屋《ひとつのいえ》も余ること無し」とある。火災で全焼したという意味である。この信憑性《しんぴょうせい》を巡って、現存する伽藍《がらん》は創建時のものか、後に再建されたのか、意見は二転三転してきた。

金堂や五重塔は再建当時の規格である唐尺《とうしゃく》ではなく、大化改新《たいかのかいしん》（六四五年）以前の高麗尺《こまじゃく》を使って設計されている。よって再建されていないという意見が長く主流を占めていた。

ところが昭和十四（一九三九）年、西院《さいいん》伽藍の南東で現在の伽藍よりも古い若草《わかくさ》伽藍が発見された。

●法隆寺年表

六〇七年（推古十五）	推古天皇と聖徳太子によって建立《こんりゅう》される。
六七〇年（天智九）	火災で全焼したと伝えられる。
七三九年（天平十一）	上宮王院《じょうぐうおういん》（現・東院《とういん》伽藍）が落成。盛大な太子の供養会が行われる。
九九〇年（正暦元）	相次ぐ天災からの復興が完了。現在の伽藍の姿が整う。
一一一六年（永久四）	上宮王院が法隆寺の支配下に入る。
一八八二年（明治十五）	法相宗《ほっそうしゅう》に転じる。
一九五〇年（昭和二十五）	法相宗から独立し、聖徳宗《しょうとくしゅう》を開く。
一九九三年（平成五）	ユネスコの世界遺産に登録される。

このため、再建説が正しいということで決着する。

　しかし平成十三（二〇〇一）年、五重塔の心柱《しんばしら》をX線調査したところ、推古二（五九四）年に伐採《ばっさい》されたヒノキ材と判明し、非再建論が俄然《がぜん》有力になった。それでも再建論は根強く、五重塔は再建時に飛《あす》鳥《か》寺《でら》など他の寺院から移築されたとする説や、心柱は貯蔵されていた良木を使用したという説が浮上している。

風光明媚な斑鳩の里に、今も見事な伽藍が広がる。時を忘れて散策したい名刹だ

　いずれにせよ、世界最古の木造建築であることには変わりないが、真相は謎のままだ。

近年は文化財保護にも貢献

　法隆寺の存在は、わが国の文化財に対する姿勢に大きく影響した。

　明治維新では新政府による廃仏毀釈《はいぶつきしゃく》が行われ、奈良では多くの寺院が荒廃《こうはい》した。しかし、法隆寺は文化財の散逸《さんいつ》を防ぐため、寺宝の一部を皇室に寄贈。以来、政府の保護を受けるようになった。

　そして明治十七（一八八四）年、文部省の依頼を受けた東洋美術史家・フェノロサと岡倉天心《おかくらてんしん》が法隆寺を調査。八百年間も閉ざされていた夢殿《ゆめどの》を開扉《かいひ》する。そこで発見されたのが秘仏の救世観音立像《くせかんのんりゅうぞう》で、政府や寺院の文化財への認識を大きく変えた。

　また昭和二十四（一九四九）年には、修復作業中の金堂壁画が漏電《ろうでん》により焼失。それをきっかけに、文化財保護法が制定された。

五重塔《ごじゅうのとう》 先人たちの技が、重厚かつ華麗な姿を今に伝える

名実ともに法隆寺を象徴する存在である。総高は三四・一メートルと法隆寺でももっとも高い。しかし、高さよりもむしろ横に広がる屋根に圧倒される。緩《ゆる》やかな弧《こ》を描き、まるで鶴が羽根を広げたように優雅で美しい。

屋根は上層にいくに従って面積が小さくなっている。ただでさえ小さく見える上層をより高く、反対に下層はどっしりと重厚に見せるためだ。

塔の建築には高麗尺《こまじゃく》という規格が用いられ、七寸五分（約二七センチメートル）を区切りに緻密《ちみつ》な設計がなされている。一方で中心を貫く心柱《しんばしら》は、何の固定もされず、礎石《そせき》に差しこまれただけの状態である。この柔と剛の組み合わせが、実は五重塔の生命線だ。

地震がくると心柱は多少ずれるが、若干の〝遊び〟があるため、バランスの保てる位置に自然と戻るようになっている。このため、地震の多い日本において崩壊を免《まぬが》れてきた。

この技術は近年になって高層ビルの耐震対策として注目を浴び、平成十四（二〇〇二）年に完成した東京・丸ビルにも採用されている。古代の技術が最新の建築に応用されているわけだ。

塔の初層《しょそう》（最下層）内陣《ないじん》には、塔本四面具《とうほんしめんぐ》が安置されている。和銅《わどう》四（七一一）年の作で、仏典の有名な場面を表現した塑像《そぞう》群だ。

計九十五体が四方に分かれて配置されるなかで、もっとも印象的なのが釈迦《しゃか》の最期（入滅《にゅうめつ》）を表した北面である。横たわる釈迦の周囲で、菩薩《ぼさつ》や羅漢《らかん》ら弟子たちが悲しみに暮れている。

拝観は外からのみだが、暗闇のなかに見える塑像はまるで生身《なまみ》の人間のようで、今にも弟子たちの嘆《なげ》きが聞こえてきそうだ。

どっしりとしたなかに天へ伸びる軽やかさを感じる五重塔。心柱を固定しないという逆転の発想で、千数百年もの間その姿を保っている

西院伽藍《さいいんがらん》 世界最古の木造建築群で飛鳥《あすか》時代へタイムスリップ

五重塔のある西院伽藍とその周辺には、国宝に指定された飛鳥時代の木造建築が点在している。

西院の玄関ともいえるのが、南大門《なんだいもん》をくぐった先にある中門《ちゅうもん》。これは伽藍の威厳《いげん》を保ち、内部に魔物が侵入するのを防ぐためのもの。重厚な扉の左右には和銅《わどう》四（七一一）年の作で、日本で現存する最古のものとされる金剛力士像《こんごうりきしぞう》が立つ。

仁王像が立つ入母屋造りの中門

中門から左右に向かって伸び、西院を囲むのが廻廊《かいろう》だ。一見左右対称に見えるが、向かって右側の東側廻廊が若干《じゃっかん》長く、屋根も高い。目の錯覚で東側にある金堂《こんどう》の横幅をより広く、西側にある五重塔をより高く見せるためだ。

金堂は現存する世界最古の木造建築である。エンタシスの柱で支えられた内陣《ないじん》には、釈迦三尊像《しゃかさんぞんぞう》などが安置されている。

廻廊には連子窓とエンタシスの柱が並ぶ。東西を見比べるのもおもしろい

西院の奥には大講堂があり、中門から東西に分かれた廻廊は、東に鐘楼《しょうろう》、西に経蔵《きょうぞう》をはさんで、それぞれ大講堂の両横についている。

さらに廻廊の外にも東側に東室《ひがしむろ》と聖霊院《しょうりょういん》、西側に西室《にしむろ》と三経院《さんぎょういん》と、国宝に指定された重厚な建築物が立ち並んでいる。

創建当時の面影をもっともよく伝える金堂。２層の屋根が地を覆うように広がり、並び合う五重塔に劣らぬ存在感がある

金堂の四隅には、龍などの彫刻が施された支柱がある。これは江戸時代中期の修理でつけられたもの

聖霊院は本来、東室の一部だったが、鎌倉時代に聖徳太子尊像を安置するために改築された。３月22～24日のみ公開される聖徳太子坐像（国宝）を安置

学問や法要の場として建てられた大講堂。創建当時のものは落雷で失われ、正暦元（990）年に再建

◉伽藍にも〝流行〟があった

伽藍にはいくつかの様式があり、東に金堂、西に塔を配するのが法隆寺式だ。しかし若草《わかくさ》伽藍（一〇四ページ参照）は講堂《こうどう》や金堂、塔、中門が一列に並ぶ四天王寺《してんのうじ》式だったことがわかっている。様式は他にも三つの金堂が一塔を囲む飛鳥寺式（一三三ページ参照）や、東西両塔の奥に金堂や講堂が控える薬師寺《やくしじ》式（川原《かわら》寺式）、東西両塔を伽藍の外に配置した東大寺《とうだいじ》式（国《こく》分寺《ぶんじ》式）などがあり、その時代の思想が反映されている。

釈迦三尊像《しゃかさんぞんぞう》・百済観音《くだらかんのん》

日本美術史の夜明けを伝える仏像たち

六百五十体を数える法隆寺の仏像で、代表格ともいえるのが本堂《ほんどう》の釈迦三尊像である。推古《すいこ》三十（六二二）年、病に倒れた聖徳太子《しょうとくたいし》の快癒《かいゆ》を願って制作が開始された。直後に太子は亡くなるものの、像は翌年に完成したという。

作者は飛鳥大仏《あすかだいぶつ》（一三四ページ参照）をつくった仏師《ぶっし》・鞍作鳥《くらつくりのとり》（止利《とり》）で、日本ではじめての彫刻作品でもある。面長な顔にくっきりとした眉、杏仁形《きょうにんけい》と呼ばれる眼、筋の通った立派な鼻、そしてアルカイック・スマイルと呼ばれる微笑みをたたえる。これらの特徴は、中国・北魏《ほくぎ》の様式に影響を受けた鳥ならではのものだ。

全体の様式は朝鮮半島から伝来した一光三尊《いっこうさんぞん》形式をとっている。中尊は衣の裾《すそ》を垂らした裳懸座《もかけざ》とい

一本のクスノキ材で腕や台座まで彫り出された百済観音。飛鳥～白鳳時代の作とされる

中央が釈迦三尊像。中尊は像高87.5㎝。左に薬王菩薩、右に薬上菩薩を従える

う台座に鎮座する。両脇士《わきじ》は蓮華座《れんげざ》に同じ姿勢で立ち、ともに宝珠《ほうじゅ》形の光背《こうはい》を背負っている。それがさらに大光背のもとにまとめられたのが一光三尊形式だ。

釈迦三尊像は日本・中国・朝鮮の文化が混ざり合う飛鳥文化の生んだ傑作《けっさく》といえる。

その釈迦三尊像と並んで多くの参拝者の心をとらえるのが、百済観音堂にある百済観音（観音菩薩立《かんのんぼさつりゅう》像《ぞう》）だ。由来は不明だが、鎌倉時代に他の寺院から移されたものとみられる。

像高二・一メートルと長身だが、七頭身で円筒状のスリムな体型のため、実際の数値より背が高い印象を受ける。

法隆寺には目鼻立ちや体の線がくっきりとした仏像が多いが、百済観音はその対極にある。彫刻というよりも、まるで絵画を見ているようで、一切の無《む》駄《だ》をそぎ落とした姿には、見る者を癒《いや》す不思議な魅力がある。

夢殿《ゆめどの》・救世観音立像《くせかんのんりゅうぞう》 太子邸の跡に八百年も眠りつづけた、太子の等身像

五重塔と並ぶ法隆寺のシンボルが、東院伽藍《とういんがらん》の本堂《ほんどう》にあたる夢殿だ。

東院は行信僧都《ぎょうしんそうず》が聖徳太子を偲《しの》ぶため、天平《てんぴょう》十一（七三九）年、太子が暮らしていた斑鳩宮《いかるがのみや》跡に創建された。当時は上宮王院《じょうぐうおういん》と呼ばれ、夢殿はその本堂として太子信仰の象徴的存在だった。

永久《えいきゅう》四（一一一六）年に上宮王院は法隆寺の支配下に入る。いきさつは謎のままだが、この頃から夢殿はその扉を固く閉ざしてしまう。

封印が解かれたのは明治十七（一八八四）年である。東洋美術史家のアーネスト・F・フェノロサは、後に美術評論家となる通訳・岡倉天心《おかくらてんしん》らとともに、文部省の依頼で法隆寺の文化財を調査していた。彼らがもっとも関心を寄せていたのは、八百年近く閉ざされたままの夢殿だった。

当初、僧侶たちは祟《たた》りを恐れ、夢殿の開扉《かいひ》を頑《かたく》なに拒《こば》んだ。しかし寺宝保護の重要性を熱弁するフェノロサに住職も折れ、扉が開かれた。その瞬間たまった埃《ほこり》が舞い、ネズミや蛇が驚いて飛びだしてきたという。このとき、四五〇メートルもの白い布に包まれた本尊・救世観音立像は発見された。

救世観音は太子の等身大と伝えられ、年に二回開帳。四月十一日～五月五日と十月二十二日～十一月二十二日に、金色に輝く姿を拝《おが》むことができる。

太子信仰の象徴である、八角円堂の夢殿

救世観音立像・国宝・夢殿。像高は179.9㎝で、姿は生身の人間に極めて近い

境内地図
法隆寺

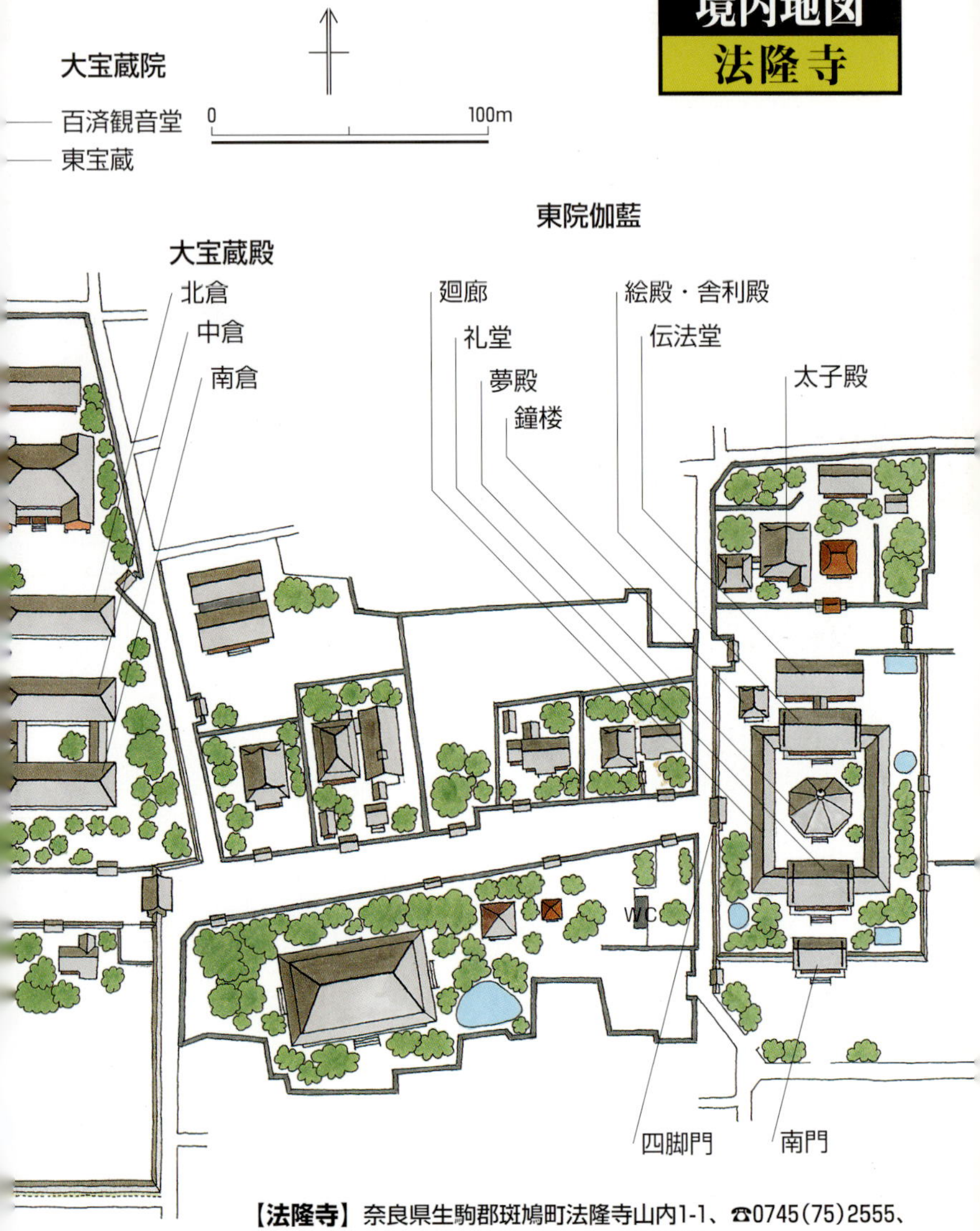

【法隆寺】 奈良県生駒郡斑鳩町法隆寺山内1-1、☎0745(75)2555、8～17時(11月4日～2月21日は～16時30分)、拝観料1000円(西院廻廊内・大宝蔵院・夢殿。その他は拝観自由)。JR法隆寺駅から奈良交通バス法隆寺門前行きで終点下車すぐ。http://www.horyuji.or.jp/

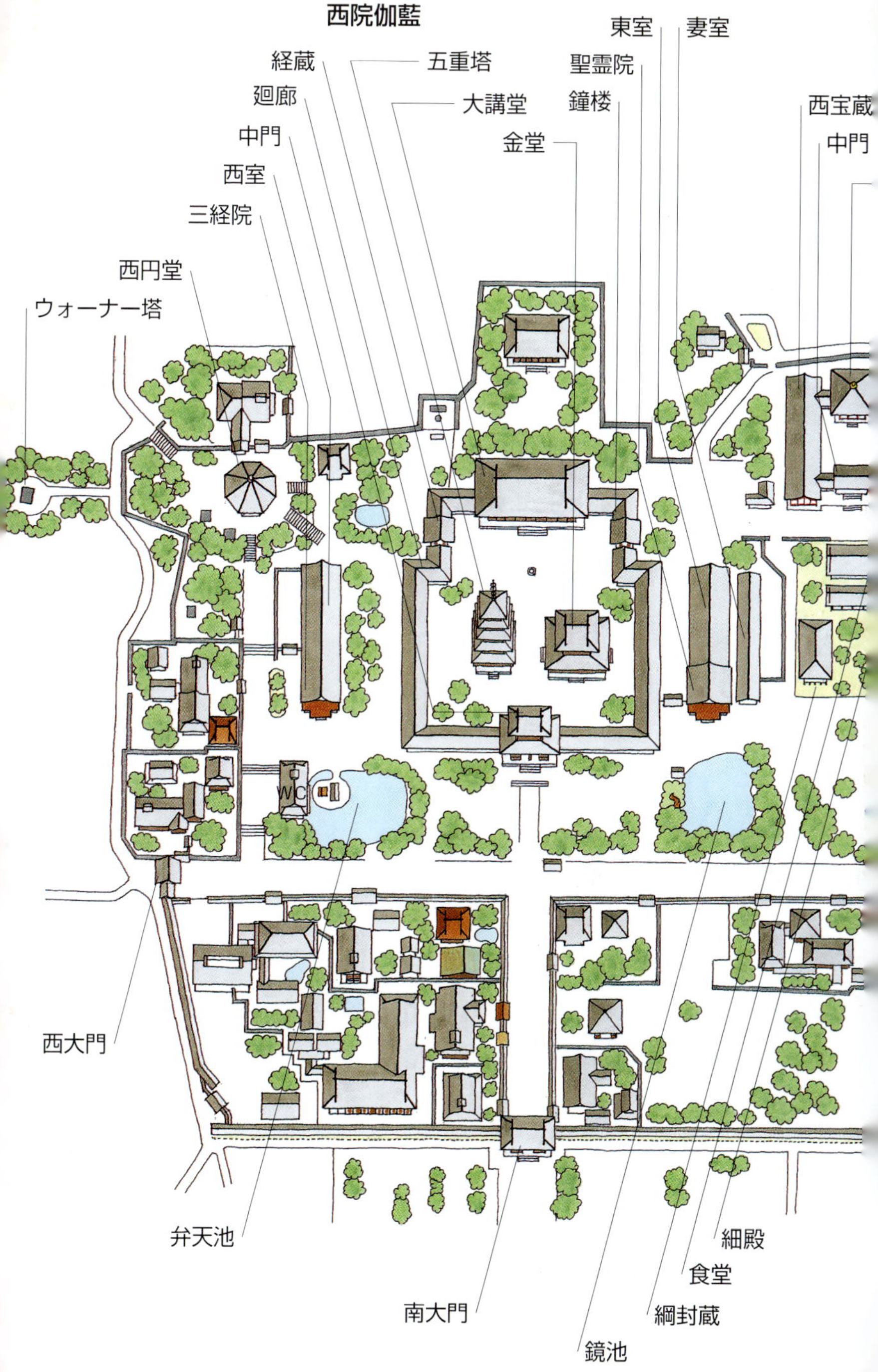

西院伽藍
経蔵
五重塔
廻廊
大講堂
中門
西室
三経院
西円堂
ウォーナー塔
東室
妻室
聖霊院
鐘楼
金堂
西宝蔵
中門
WC
西大門
弁天池
南大門
鏡池
綱封蔵
食堂
細殿

第七番

中宮寺《ちゅうぐうじ》

【宗　派】聖徳宗《しょうとくしゅう》
【山　号】法興山《ほうこうさん》
【所在地】奈良県生駒郡《いこまぐん》斑鳩町《いかるがちょう》法隆寺北一―一―二

聖徳太子《しょうとくたいし》が母のために建立《こんりゅう》したとされる日本最古の尼寺《あまでら》。隣接する法隆寺に何度か呑《の》みこまれかかったが、そのたびに女性の思いによって再興され、皇室の子女の修行の場となって生き延びた。世界三大微笑像の一つとされる本尊《ほんぞん》の弥勒菩薩《みろくぼさつ》半跏像《はんかぞう》、天寿国《てんじゅこく》に往生した聖徳太子を描く天寿国繍帳《しゅうちょう》が参詣者を迎える。

4月下旬には本堂や参道の脇に植えられた山吹が、一斉に黄色い花を咲かせる。皇室ゆかりの尼寺らしく、華やかななかにも奥ゆかしさを感じさせる

歴史　聖徳太子《しょうとくたいし》が母のために建立《こんりゅう》、後に門跡《もんぜき》寺院として発展

崇峻《すしゅん》五（五九二）年、聖徳太子が母・穴穂部間人《あなほべのはしひと》太后の遺志により斑鳩宮《いかるがのみや》跡に建立したとされる。聖《しょう》徳宗《とくしゅう》の尼寺《あまでら》であり、斑鳩御所《ごしょ》、鵤尼寺《いかるがにじ》とも呼ばれる。

本尊には弥勒菩薩半跏像《みろくぼさつはんかぞう》（伝如意輪観音《でんにょいりんかんのん》）が安置されている。太子が亡くなると、妃《ひ》の橘大郎女《たちばなのおおいらつめ》によって天寿国繍帳《てんじゅこくしゅうちょう》が制作された。

平安時代に入ると伽藍《がらん》は衰退し、寺宝の多くが法隆寺に移される。しかし、鎌倉時代に興福寺《こうふくじ》の尼僧《にそう》・信如《しんにょ》が入寺し、蒙古襲来《もうこしゅうらい》の文永《ぶんえい》十一（一二七四）年、天寿国繍帳を法隆寺から取り戻した。

それでも、その後、ふたたび荒れ果て、一時は無住職となる。

寺に転機が訪れたのは天文《てんぶん》年間（一五三二〜五五）である。伏見宮貞敦《ふしみのみやさだあつ》親王の王女・慈覚院宮高祐《じかくいんのみやこうゆう》尊智女王《そんちのおおきみ》が入寺して、法隆寺東院《とういん》の隣りに新たな伽《が》藍《らん》を造営する。以来、中宮寺は皇室の子女が修行する道場となった。

明治初期まで中宮寺御所とも斑鳩御所とも呼ばれ、現在も門跡尼《もんぜきに》が住職を務めている。

また、鎌倉時代は法相宗《ほっそうしゅう》だったが、戦後、法隆寺

●中宮寺年表

五九二年	（崇峻五）	聖徳太子が伽藍造営を発願。
六二一年	（推古二十九）	穴穂部間人太后が亡くなり、造営が開始される。
一二七三年	（文永十）	信如尼が伽藍の復興に着手する。
一五三二〜五五年	（天文年間）	慈覚院宮高祐尊智女王の入寺により、門跡寺院となる。
一六〇〇年	（慶長五）	大永二（一五二二）年からはじめられた修復が完了。このときに現在地へ移転か。
一八八三年	（明治十六）	鎌倉時代以来の法相宗から、真言宗泉涌寺《せんにゅうじ》派に転じる。
一九五三年	（昭和二十八）	法隆寺を総本山とする聖徳宗に合流する。
一九六八年	（昭和四十三）	新本堂が落成。

を総本山《そうほんざん》とする聖徳宗に合流した。

災難をくぐり抜けて現在の姿に

　創建から尊智女王が入寺するまで、中宮寺の伽藍は現在地から約五五〇メートル東にあった。南に塔、北に金堂《こんどう》を構えた、法隆寺のような四天王寺《してんのうじ》式伽藍だった。しかし度重なる火災に見舞われたことが寺の記録に残されている。

耐震耐火構造の本堂。弥勒菩薩半跏像を納める

　現在の本堂が鉄筋コンクリート製なのは、そうした歴史を考えて、高《たか》松宮《まつのみや》妃殿下が寺宝の保護のために発案された。歌舞伎《かぶき》座などを手掛けた建築家・吉田五十《よしだいそ》八《や》氏が設計し、昭和四十三（一九六八）年五月に完成した。

境内では誰もが心を和《なご》ませる

　隣接する法隆寺に比べると、小ぶりな印象だが、半跏思惟《はんかしゆい》像に象徴されるように、境内は尼寺らしい優しさにあふれている。とくに四月下旬には山吹が境内を彩り、いっそう穏やかな雰囲気になる。

　かつては門跡寺院として男子禁制など厳格なしきたりが存在していたが、最近は尼僧や小僧の体験会を行うなど、外部に開かれた寺となりつつある。

奈良の寺院には珍しく、境内は女性的で優美な佇まい

弥勒菩薩半跏像《みろくぼさつはんかぞう》（伝如意輪観音《にょいりんかんのん》）穏やかな微笑みをたたえる漆黒《しっこく》の〝美女〟

本尊《ほんぞん》の弥勒菩薩半跏像が安置されているのは、畳敷きの本堂《ほんどう》の正面奥だ。七世紀後半、飛鳥時代の作で、国宝に指定されている。

さまざまな呼び名があり、一般には半跏思惟像《はんかしゆいぞう》という名で親しまれている。

この像の魅力は、その柔らかく気高い微笑である。本堂で一体だけの仏像だが、その微笑みが放つ霊気によって、参拝者は幽玄《ゆうげん》の世界に導かれる。この笑みはアルカイック・スマイル（古典的微笑）の典型として世界的に知られ、エジプトのスフィンクス、レオナルド・ダ・ヴィンチ作のモナ・リザと並んで、世界三大微笑像に数えられる。

身体も優美である。バランスのよい柔らかい曲線により作りだされた造形は、人間の肉体に限りなく近い。片足をもう一方の下げた足の上にのせて座る「半跏踏下《ふみさげ》」と呼ばれる姿勢、頬にそっと指をあてた様子は、人間をいかにして救うか思案されている姿だといわれる。

この像は寺伝では「如意輪観音」とされるが、美術史から見ると「弥勒菩薩」らしい。この「半跏踏下」という姿勢の像は、弥勒菩薩として制作されることが多いのだそうだ。

その美しさを多くの文人が〝女性〟としてたたえているが、本来仏像に性別はない。悟りを開いた仏（如来《にょらい》）に対して、菩薩は修行中の身だ。この世にとどまって衆生《しゅじょう》を救おうとする。つい、女性のように感じるのは、門跡《もんぜき》寺院ゆえかもしれない。

現在は全身が黒色の漆で覆われているが、これは下地として塗られたものだ。作られた当初は色鮮やかな彩色がなされていたらしい。往時の姿も見事だったはずだが、漆黒のつややかさも、この像を一層神秘的なものにしている。

弥勒菩薩半跏像・国宝・本堂。やや見上げるかたちで拝見する像は、実際（像高87㎝）よりひと回りもふた回りも大きく感じられる

天寿国繍帳《てんじゅこくしゅうちょう》 天に召《め》された聖徳太子《しょうとくたいし》とその世界を描写

聖徳太子が亡くなった推古《すいこ》三十（六二二）年、妃《きさき》の橘大郎女《たちばなのおおいらつめ》が追悼《ついとう》のために制作させたとされる、日本最古の刺繍《ししゅう》である。天寿国曼荼羅《まんだら》帳とも呼ばれ、そのレプリカを本堂《ほんどう》で見ることができる。

天寿国とは太子が往生した世界のこと。三人の渡来人が描いた下絵をもとに、宮中の采女《うねめ》たちが鮮やかな撚糸《ねんし》を一針一針返して、天寿国の様子をふたつの繍帳に表した。その縁は金銅《こんどう》の鈴で飾られ、見事なものだったという。

平安時代から鎌倉時代にかけて所在不明になっていたが、文永《ぶんえい》十一（一二七四）年に伽藍《がらん》の復興を手掛けていた尼僧《にそう》・信如《しんにょ》が法隆寺綱封蔵《こうふうぞう》から発見して中宮寺に取り戻した。しかし損傷が激しいため、直後に二枚の断片が一枚にまとめられ、あわせて複製も制作された。現在残っているのは江戸時代に作られたもので、原本と複製をさらにつなぎ合わせている。

当初の絵柄をうかがい知ることは難しいが、飛鳥時代の服装を身にまとった男女が、大蓮華《れんげ》から化《け》生《しょう》された天人《てんにん》を礼拝している姿や、鳳凰《ほうおう》、月、蓮華、鐘楼《しょうろう》などを見ることができる。右上にある赤い衣の人物が、聖徳太子だといわれている。

また、百個の亀甲《きっこう》形の図柄のそれぞれに銘文が四文字ずつ刺繍されている。その文字の中に、聖徳太子の言葉、「世間虚仮《せけんこけ》、唯仏是真《ゆいぶつぜしん》」がある。

なお、実物の繍帳は劣化が激しいため、現在は奈良国立博物館で保存されている。

絵柄から当時の風俗や大陸美術がうかがえる

繡帳の表面は撚糸が何度も返されており、表面はとても立体的だという

現在、中宮寺御流門下生は500名近くおり、皇室ゆかりの作法を受け継ぐ

二百五十年余りの歴史を持つ 皇室ゆかりの雅《みやび》やかな茶華道が今も息づく

中宮寺には今なお、皇室ゆかりの伝統が息づく。中宮寺御流《ごりゅう》の茶道と斑鳩《いかるが》御流の華道である。双方とも、霊元《れいげん》天皇の孫で、有栖川宮職仁《ありすがわのみやよりひと》親王の王女である、慈眼院宮尊珍栄恕女王《じげんいんのみやそんちんえいにょおおきみ》が開いた。

宝暦《ほうれき》六（一七五六）年、中宮寺に入寺された茶華道に堪能な王女は、皎月《こうげつ》御流を開き、以後の門跡《もんぜき》に継承《けいしょう》された。

明治維新の廃仏毀釈《はいぶつきしゃく》で中宮寺は御所《ごしょ》としての座を失い、皎月御流も寺と無関係の存在になってしまった。しかし大正時代に入り、近衛尊覚尼《このえそんがくに》（一八六六〜一九五九）がその復興に尽力《じんりょく》した。

華道を斑鳩御流と命名し、さらに茶道は中宮寺御流とした。

以降高貴な家柄の女性のみがたしなんだ中宮寺の茶華道は、一般市民や男性にも門戸が開かれるようになった。

尼僧《にそう》体験で心身ともに 美しい女性になろう

中宮寺では毎年八月下旬、一般女性を対象にした尼僧体験を行っている。寺での生活を通して感謝や奉仕の心を育み、健康で清《きよ》らかな女性を目指そうというものだ。

体験は一泊二日で行われ、一日目は読経《どきょう》指導や写経、坐禅など。二日目は勤行《ごんぎょう》に始まり、法話や瞑想《めいそう》、作文などを行う。合間には境内の作務《さむ》もこなし、最後には修了証が渡される。定員二十名で参加費は三〇〇〇〇円。

八月上旬には子供向けの〝女子一休さん体験〟も実施。一泊二日で尼僧体験とほぼ同じ内容の修行を行う。対象は小学校三〜六年生の女児。こちらは定員三十名で参加費二〇〇〇〇円となっている。

【中宮寺寺務所】☎0745・75・2106

境内地図
中宮寺

【中宮寺】奈良県生駒郡斑鳩町法隆寺北1-1-2、☎0745(75)2106、
9時～16時30分(10月1日～3月20日は～16時)、拝観料500円、
JR法隆寺駅から奈良交通バス法隆寺門前行き「中宮寺前」下車徒歩5分。
http://www.horyuji.or.jp/chuguji.htm

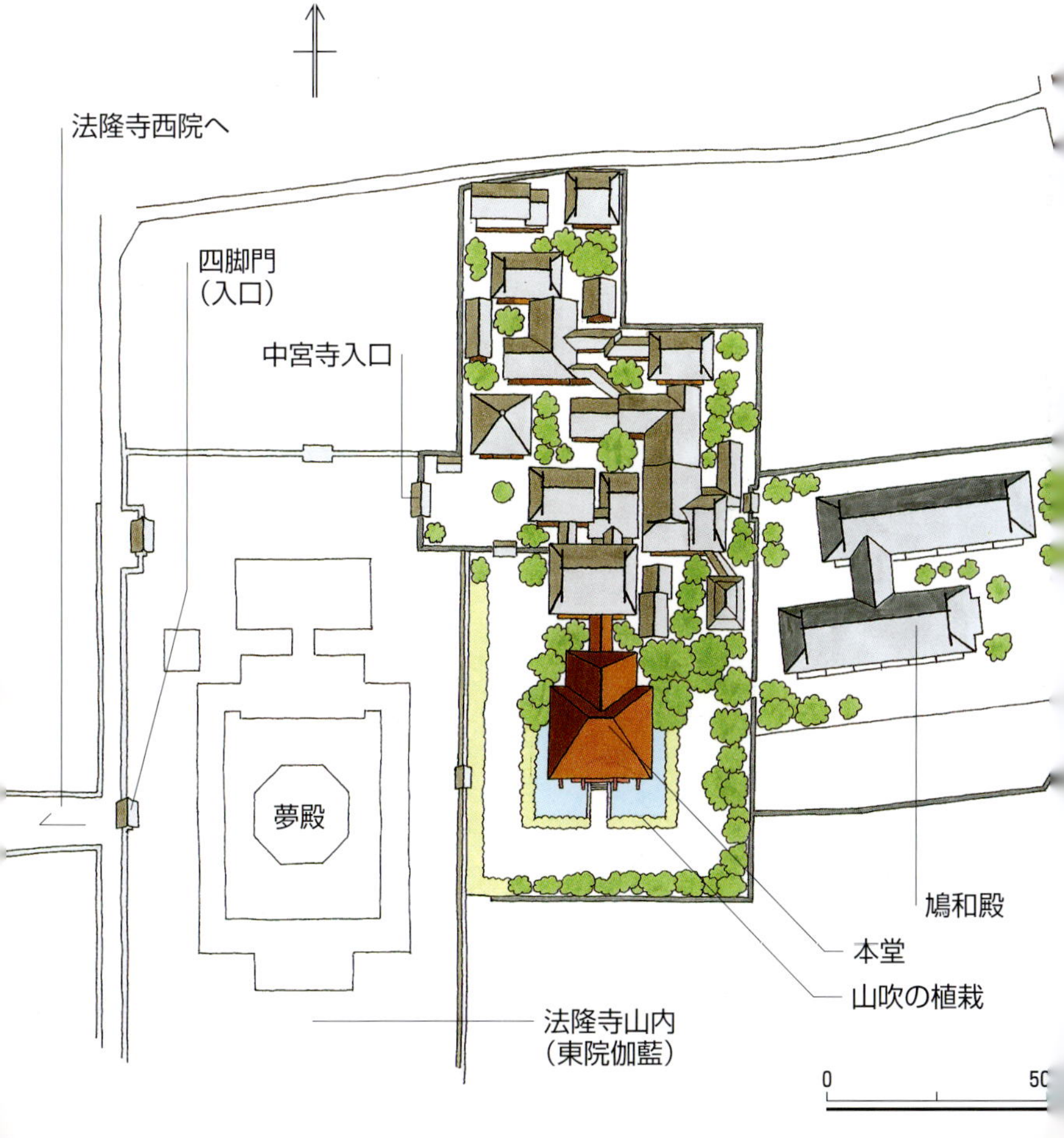

散策のヒント

五木さんのおすすめスポット

斑鳩《いかるが》の里

聖徳太子ゆかりの地・斑鳩には、今も古き良き日本の姿が残る。時間を忘れて散策してみたい

斑鳩散策で外せないのが、法隆寺西大門から藤ノ木《ふじのき》古墳にかけて横長に続く西里《にっさと》（地図P127A1）。細い路地の両側には築地塀《ついじべい》が続き、長屋門《ながやもん》を構えた、白壁に瓦屋根という民家が立ち並ぶ。

法隆寺の西にあることからその名がついた西里

法輪寺周辺の絵葉書のような風景

かつて西里は法隆寺に所属する宮《みや》大工《だいく》たちが暮らす集落だった。最後まで西里に残った宮大工が、法輪寺三重塔や薬師寺復興などを手掛けた名棟梁《とうりょう》、故・西岡常一《にしおかつねかず》氏である。西岡氏が平成七（一九九五）年に亡くなると、宮大工はこの集落から姿を消した。しかし昔懐かしい町並みは今も変わらずに残されている。

法輪寺と法起寺の周辺も風致《ふうち》地区に指定され、昔ながらの田園風景をとどめている。とくに法起寺周辺（地図P127B1）は田畑が広がり、稲が実る夏から秋にかけて見事な景観が広がる。さまざまな角度から三重塔を望むことができ、三脚を構えるアマチュア写真家も多い。

のどかな佇《たたず》まいは法輪寺周辺（地図P127A1）にも残っている。この地は聖徳太子が飛鳥から三つの井戸を移したことから三井《みい》と呼ばれた。そのひとつ「赤染《あかぞめ》の井《い》」は今も水をたたえている。周囲に「磚《せん》」という煉瓦《れんが》状のものを積み上げた古代朝鮮の様式で、国の史跡に指定されている。

集落にある赤染の井

【斑鳩町観光協会】 ☎0745・74・6800

法輪寺《ほうりんじ》　太子の皇子が建立《こんりゅう》した情緒豊かな古刹《こさつ》

聖徳太子の息子・山背大兄王《やましろのおおえのおう》らが、太子の病気快癒《かいゆ》を願って推古《すいこ》三十（六二二）年に建立したとされる。

創建当時は広大な伽藍《がらん》を形成していたが、江戸時代に台風が直撃した。全壊はまぬがれたものの、三重塔を中心に、現在のようなこぢんまりとした姿になった。ところが、その三重塔も昭和十九（一九四四）年に落雷で焼失してしまう。現在の塔は昭和五十（一九七五）年に再建されたものだ。歴史は浅いが、その姿は斑鳩の里に見事に調和している。

さらに、平成十五（二〇〇三）年には、妙見堂《みょうけんどう》も再建された。

法隆寺に比べて人影も少なく、拝観しやすい

【法輪寺】地図P127A1　生駒郡斑鳩町三井1570、☎0745・75・2686、8〜17時（12〜2月は〜16時30分）、拝観400円

法起寺《ほうきじ》　田園地帯に佇《たたず》む世界遺産

周囲には菜の花畑や水田が広がり、斑鳩ののどかな雰囲気が漂う

聖徳太子の遺志により、山背大兄《やましろのおおえの》王《おう》が岡本宮《おかもとのみや》に建てたとされる。尼寺として創建され、かつては岡本寺とも池後寺《いけじりでら》とも呼ばれた。法隆寺と同じ聖徳宗《しょうとくしゅう》の寺である。

伽藍《がらん》は平安時代から衰退の一途をたどるが、江戸時代に入って寺僧・真政円忍《しんせいえんにん》とその弟子たちが再建に尽力した。延宝《えんぽう》六（一六七八）年に三重塔が修復され、その後も講堂や聖《しょう》天堂《てんどう》などが建立され、現在のような姿に生まれ変わった。

三重塔は高さ約二四メートルで、寺の周囲からも見ることができる。慶雲《けいうん》三（七〇六）年築で、現存する三重塔では最古のものといわれる。

平成五（一九九三）年、法隆寺とともに日本で初めてユネスコの世界遺産に登録された。

寺宝は、本尊十一面観音立像《じゅういちめんかんのんりゅうぞう》（重文）、銅造菩薩《どうぞうぼさつ》立像（重文）など。

【法起寺】地図P127B1
生駒郡斑鳩町大字岡本1873、☎0745・75・5559、8時30分～17時（11月4日～2月21日は～16時30分）、拝観300円

富本憲吉記念館《とみもとけんきちきねんかん》

斑鳩町に隣接する安堵町《あんどちょう》は、色絵磁器で知られる人間国宝の故・富本憲吉氏（一八八六～一九六三）の出身地である。「残された作品をわが墓と思われたし」という遺言にしたがって、生家が記念館として公開されている。

富本氏が過ごした離れ

富本氏の作品は、大和の自然をモチーフにした草花柄が特徴だ。

大和民家の様式の本館、当時から残る離れや土蔵に、およそ三百点の作品が収蔵されている。

【富本憲吉記念館】地図P127B2
生駒郡安堵町東安堵1442、☎0743・57・3300、10時～16時30分、火曜・8月1～10日・12月21日～1月4日休館、入館700円

辻花《つじはな》

野趣《やしゅ》あふれる座敷でいただく素朴な家庭風懐石料理

関西一円に常連を抱える懐石料理店。かつては大阪・箕面《みのお》で営んでいたが、静かな雰囲気を求めて平成九（一九九七）年、法隆寺東院に面した現在の地へ移った。

料理は京都のおばんざいをアレンジした女将《おかみ》の手作り。自然の風味を活かした素朴な味つけが特徴だ。食材も野菜は無農薬のものを厳選。米は丹波《たんば》、魚介類は木津《きづ》、牛肉は伊賀《いが》と、近畿《きんき》各地から良質なものを取り寄せている。

改装した民家に、藤などが飾られた店内

メニューは日によって異なるが、春は山菜、秋は松茸、冬はカニと旬のものが中心。三五〇〇円（夜は五〇〇〇円）から一万円までの四コースがある。昼・夜とも完全予約制。

3500円のコースの一例

【辻花】地図P127A1
生駒郡斑鳩町法隆寺2-3-16、☎074
5・74・0587、11時30分～15時・17～
21時、無休

創作《そうさく》市場《いちば》夢違《ゆめたがえ》

奈良の工芸品や特産品を扱う複数の店舗が集まったユニークな施設。一階の酒店「ももたろう」では、オリジナルの地酒・夢違が人気。

口当たりの柔らかい純米は七二〇ミリリットル一四〇〇円、程良い酸味と旨みがある純米吟醸は同一九〇〇円。

他にガラス工芸、木綿、陶器などを販売しているほか、喫茶コーナーもある。

お土産に最適な地酒が並ぶ

【創作市場夢違】地図P127A1
生駒郡斑鳩町法隆寺北1-2-40、☎07
45・75・5047、10～17時、月曜・年
末年始休み

第八番

飛鳥寺《あすかでら》

【宗　派】真言宗豊山派《しんごんしゅうぶざんは》
【山　号】鳥形山《ちょうけいざん》
【所在地】奈良県高市郡《たかいちぐん》明日香村《あすかむら》飛鳥《あすか》六八二

日本仏教史の一ページを開いた寺である。
それまで蘇我《そが》氏の私的宗教だった仏教が、飛鳥寺建立《こんりゅう》によって国家宗教となった。
現在は小さなお堂がぽつりとあるだけだが、
創建時の飛鳥寺は、朝鮮半島の様式を取り入れた権威の象徴だった。
万葉の面影を残し、日本人のこころのふるさとを彷彿《ほうふつ》とさせる明日香の里に、
飛鳥寺は、千四百年の歴史を刻みながら、今も静かに立っている。

埋蔵文化財の宝庫である明日香の里。大化改新や壬申（じんしん）の乱の舞台にもなった飛鳥寺は、1400年もの間、この場所で日本の歴史を見つめつづけている

飛鳥寺は、日本初の寺院であるとともに、わが国初の瓦葺きの建造物でもあった。境内には、当時の金堂跡だという3つの礎石が等間隔に置かれている

歴史　独特な伽藍《がらん》配置を持った日本初の本格的仏教寺院

●飛鳥寺年表

五八八年（崇峻元）	蘇我馬子の発願で法興寺《ほうこうじ》（現・飛鳥寺）建立開始。
五九六年（推古四）	法興寺（現・飛鳥寺）建立。
六〇六年（推古十四）	仏師・鞍作鳥《くらつくりのとり》（止利《とり》）により本尊の飛鳥大仏が完成。
六四五年（大化元）	大化改新始まる。
七一八年（養老二）	九月、法興寺（現・元興寺《がんごうじ》）を平城宮に移建する。
一一九六年（建久七）	落雷により伽藍のほとんどを焼失。
一八二六年（文政九）	中金堂《ちゅうこんどう》跡に現・本堂が建立される。

飛鳥寺は、日本ではじめてつくられた本格的仏教寺院である。

創建されたのは、崇峻《すしゅん》元（五八八）年。当時、海外文化を積極的に取りこんでいた蘇我馬子《そがのうまこ》によって、発願された。

仏教が日本に伝来したのは、『日本書紀《にほんしょき》』によると欽明《きんめい》十三（五五二）年である。それ以来、仏像を私宅に祀《まつ》る崇仏派《すうぶつは》の蘇我氏と、それを投げ捨てるほどの排仏派《はいぶつは》だった物部《もののべ》氏との間に激しい対立が続いていた。三十五年もの間続いたこの争いは、蘇我馬子が聖徳太子らと協力して物部氏を倒したことで、決着がついた。

こうして崇仏派の勝利の証として建立《こんりゅう》が開始されたのが、飛鳥寺である。飛鳥寺は、百済《くだら》から招いた寺工や瓦工、画工などの専門家によって建立されている。仏教が伝来してから約五十年たっていたが、まだ日本には本格的な寺院も、技術者もいなかったのだ。そのため創建時の飛鳥寺は、朝鮮半島の建築様式をそのまま映し出していた。

そして、八年後の推古《すいこ》四（五九六）年、造営は完了した。創建時は、東西約二〇〇メートル、南北約三〇〇メートルという壮大な伽藍で、塔を中心に東西と北に三つの金堂《こんどう》を備える大寺院だったと記録にある（飛鳥寺式といわれる）。

建久《けんきゅう》七（一一九六）年の雷火で伽藍が焼失、現在の本堂《ほんどう》は江戸時代に建てられた。かつて伽藍だった場所の大半は田畑となり、今ではその面影も薄い。しかし、日本最古の寺院には、さまざまな歴史のロマンが秘められ、訪れる観光客も多い。

本尊《ほんぞん》である釈迦如来坐像《しゃかにょらいざぞう》は「飛鳥大仏」とも呼ばれ、これも仏像として日本最古である。

寺の完成から約十年後、推古十四（六〇六）年四月八日に開眼供養会《かいげんくようえ》が行われた。現在も、四月八日には仏生会《ぶつしょうえ》が行われているが、この日に釈迦の誕生日を祝うのは、日本では飛鳥大仏が最初である。

【創建当時の飛鳥寺伽藍復元図】

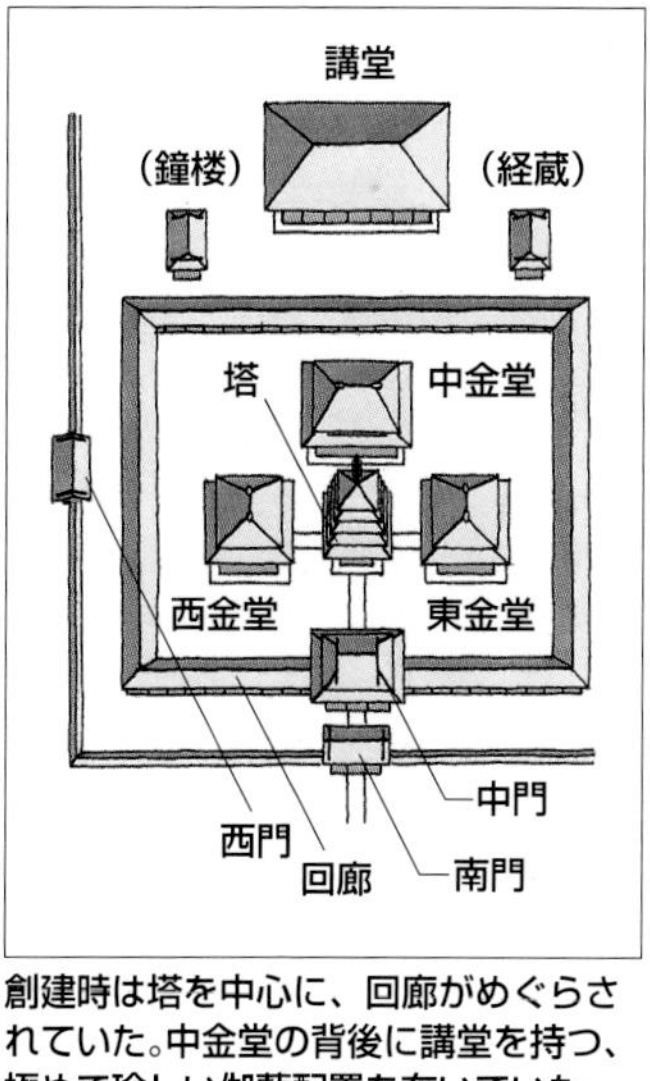

創建時は塔を中心に、回廊がめぐらされていた。中金堂の背後に講堂を持つ、極めて珍しい伽藍配置を布いていた

飛鳥大仏《あすかだいぶつ》（釈迦如来坐像）日本最古の寺の、日本最古の大仏

飛鳥寺の本尊《ほんぞん》は、わが国で初めて造られた銅製仏像、釈迦如来坐像《しゃかにょらいざぞう》である。「飛鳥大仏」の名で親しまれる。江戸末期に建てられた安居院《あんごいん》という名の本《ほん》堂《どう》に祀《まつ》られている。

大仏は、朝鮮半島から渡ってきた当代一の腕前といわれた仏師・鞍作鳥《くらつくりのとり》（止利《とり》）によってつくられた。推古《すいこ》十四（六〇六）年に、脇士《わきじ》を含む釈迦三尊として一年がかりで建立《こんりゅう》されたといわれている。

当時のまま残っているのは、右手の中三本指と左耳、そして顔の目のあたりだけだそうだ

像が完成したとき、中金堂《ちゅうこんどう》に安置しようとしたところ、像高が金堂の扉より高く、搬入《はんにゅう》することができなかったという。扉を壊すしかないと誰もが思ったそのとき、鳥が細工をほどこし、みごと搬入できたという逸話が残っている。

アルカイック・スマイル（古典的微笑）と呼ばれる魅惑的な微笑みを浮かべる飛鳥大仏は、旧本堂焼失後も、約千四百年もの間一度たりとも移動することなく、同じ場所に座りつづけている。今は傷だらけでやや黒ずんだ姿だが、当初は全身に金を施され、黄金の輝きを放っていた。

拝観するときは、その当時の状態が残っている右手に注目してほしい。左手もそうだが、親指と人差し指の間の水かきが大きい。これはすべての人をもらさずすくい上げるためだそうだ。

釈迦如来坐像・重要文化財・像高2.75m。長い年月をへて、何度も修理修繕されたことが一目瞭然である。左右から見た表情が異なるのも、この大仏の特徴だ

蘇《そ》我《がの》入《いる》鹿《か》の首《くび》塚《づか》

数百メートルも飛んできた首を弔《とむら》う「大化改新《たいかのかいしん》」の舞台

飛鳥寺西門を出た先の、畑の一角ともいえる場所に、蘇我入鹿の首塚と伝わる五輪塔がある。

この地は、古くは真神《まかみ》の原と呼ばれていた。真神とは狼のことで、一帯は狼が出るような荒涼とした平野だったらしい。大化《たいか》元（六四五）年の「大化改新」で、中大兄皇子《なかのおおえのおうじ》にはねられた入鹿の首は、板蓋《いたぶきの》宮《みや》から数百メートルも飛んでこの場所に落ちたとされている。

南北朝の頃建立された供養塔。大化改新の際、板蓋宮ではねられた入鹿の首がここまで飛んできたという

排仏派《はいぶつは》の物部《もののべ》氏を、当時まだ十代だった聖徳太子《しょうとくたいし》（厩戸皇子《うまやどのおうじ》）とともに倒し、仏教の発展を支持していた蘇我氏の一族は、以降、しだいに天皇をしのぐほどの勢力をつけてゆく。しかし、蘇我馬子《そがのうまこ》の孫にあたる入鹿は、その横暴ぶりのため、中大兄皇子と中臣鎌足《なかとみのかまたり》らによる古代史上最大のクーデターによって滅ぼされた。

当時、仏教文化の中心地であった飛鳥寺は、さまざまなイベントなどが行われる上流階級の人びとの社交場としても栄えたといわれている。入鹿を倒した中大兄皇子と中臣鎌足が蹴鞠《けまり》を通じて知りあったのも、蘇我氏が建てたこの寺の西にある広場だったと伝えられている。

境内地図
飛鳥寺

【飛鳥寺】 奈良県高市郡明日香村飛鳥682、
☎0744(54)2126、
9時～17時15分(10～3月は～16時45分)、
拝観料300円、近鉄橿原神宮前駅から奈良交通バス岡寺前行き「飛鳥大仏前」下車すぐ。

誰でも1回つくことができる鐘楼。「上は有頂天より下は奈落の底まで響けよ」と書かれた札がある

蘇我氏の財力によって、飛鳥大仏の造立には銅14t、金30kgが使われたという

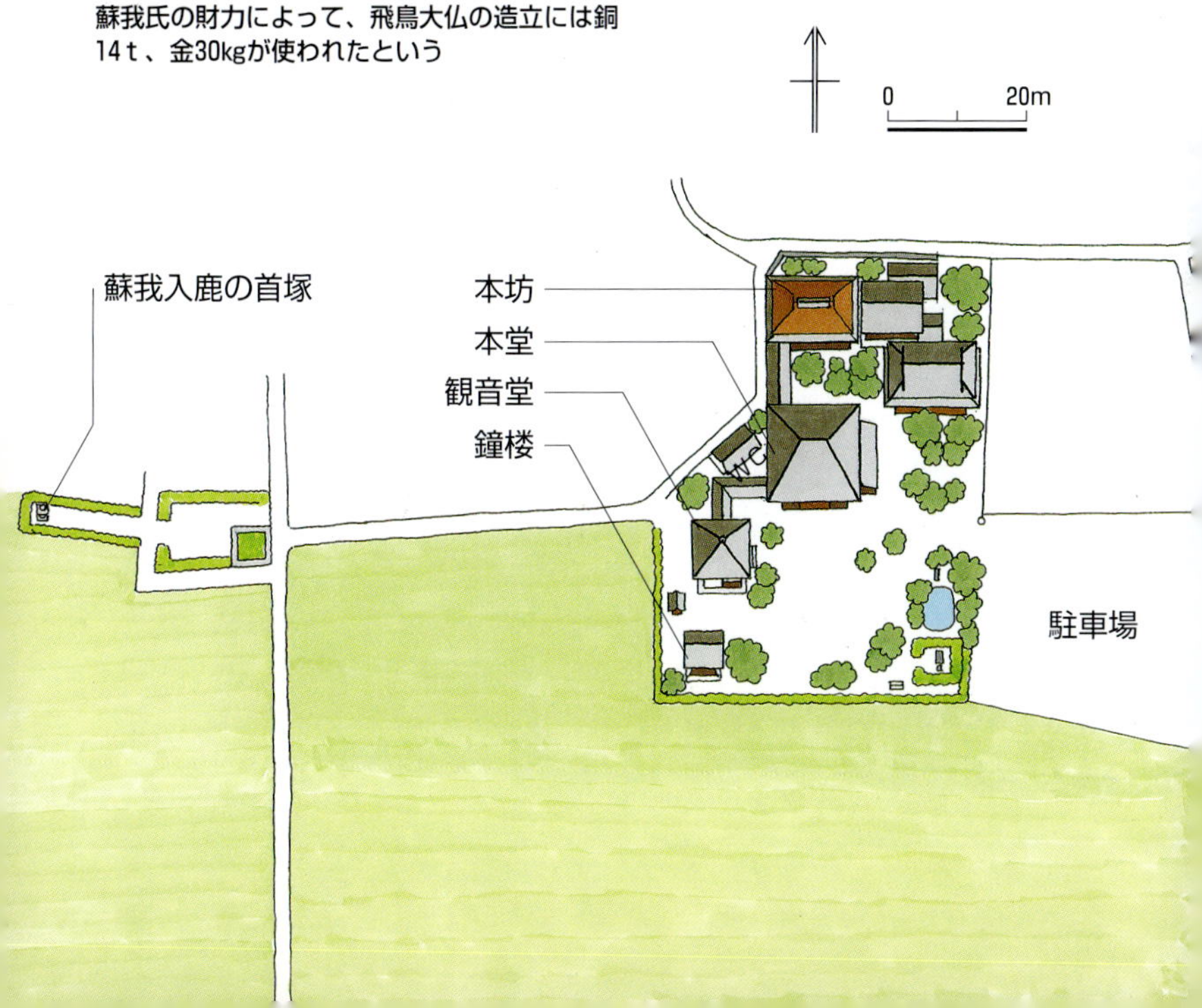

五木さんのおすすめスポット

明日香《あすか》の里《さと》

明日香村は古代ロマンに彩《いろど》られた埋蔵文化財の宝庫

倭《やまと》は　国のまほろば
たたなづく　青垣《あおがき》
山隠《やまごも》れる　倭《やまと》し美《うるわ》し
『古事記』

かつて「国のまほろば」といわれた大和。「まほろば」とは、漠然と場所を示し「国の中央にある」、「すぐれたよいところ」という意味だという。

当時、大和随一の国際都市であった大和・明日香の里は、祖先たちが文明の礎《いしずえ》を築き、日本という国を誕生させた場所だった。

現在この地には、その頃、そしてそれ以前につくられた不思議な石造物をはじめ、御陵や古墳、万葉集ゆかりのスポットなど、さまざまな見どころが、のどかな田園風景の中に溶け込むように点在している。

大和三山を望む明日香の里。大和三山とは畝傍山（199m）、耳成山（139m）、天香具山（152m）

★レンタサイクルのすすめ
明日香レンタサイクル☎0744・54・3919
飛鳥駅、亀石、石舞台、橿原神宮前駅各前
近鉄サンフラワーレンタサイクル☎0744・28・2951
橿原神宮前駅東出口
レンタサイクル万葉☎0744・54・3500　飛鳥駅前
福田レンタサイクル☎0744・43・5417
国立飛鳥資料館前レストラン内
堂の前レンタサイクル☎0744・54・2395
橘寺・川原寺跡前
橋本レンタサイクル☎0744・27・4663　岡寺前

明日香村をめぐるには、自転車を借りるのがもっとも効率的。快適なサイクリングが楽しめる

五木さんのおすすめスポット

石舞台古墳《いしぶたいこふん》

巨大な石に古代の人びとが託《たく》した夢を想う

全長約19.2m、高さ4.8m。天井部分の巨石は77ｔもあると推定されている

三十数個の花崗岩《かこうがん》を積み上げて造られた飛鳥を代表する巨大古墳。日本最大級の横穴式石室で、舞台を思わせる形状から、この名がついたという。明治時代に蘇我馬子《そがのうまこ》の墓と推定されたが、被葬者はいまだ謎とされている。今は巨石がむきだしになっているが、最初は封土《ふうど》が盛られていた上円下方墳《じょうえんかほうふん》だったようだ。石室の内部に入って見学することもできる。造築は七世紀初頭とされている。

なお、この古墳がある飛鳥歴史公園は桜の名所としても知られている。毎年春、古墳がライトアップされ、夜桜も楽しめる。

【石舞台古墳】 地図P139B2
高市郡明日香村島庄133、☎0744・54・4577（明日香村観光開発公社）、8時30分～17時、無休、見学250円

甘樫丘《あまかしのおか》

夕暮れ時の景色は格別

飛鳥の集落や飛鳥坐神社をはじめ、耳成山、二上山、畝傍山が一望できる

明日香村のやや北部にある、標高一四八メートルほどの小高い丘。頂上にある豊浦《とよら》展望台からは、大和三山が、川原《かわはら》展望台からは、石舞台《いしぶたい》古墳が見える。飛鳥寺創始者の蘇我馬子《そがのうまこ》の息子と孫にあたる、蝦夷《えみし》と入鹿《いるか》が豪邸を構えた場所でもある。

【甘樫丘】 地図P139B1
高市郡明日香村豊浦、☎0744・54・3624（飛鳥総合案内所）、見学自由

飛鳥《あすか》坐《にいます》神《じん》社《じゃ》

土俗的な信仰を集める飛鳥の守護神

古代人のおおらかな性信仰が垣間見れる

　皇室の守護神として、神託により現在地に建てられた大社。土俗的信仰の名残が強く、境内には大小の陰《いん》陽《よう》石《せき》が並んでいる。参拝すれば、縁結びや子宝に恵まれるなどの御利益があるとされている。

　毎年二月の第一日曜日に行われる「おんだ祭り」は、古くからつづくお田植え行事で、五穀豊穣《ごこくほうじょう》や子孫繁栄を願う奇祭として知られている。なかでも、行事のひとつとして行われている、お多福と天狗が夫婦和合のさまを神楽殿《かぐらでん》で演じるという催《もよお》しが有名だ。そこでまかれる紙を手にすれば、子宝に恵まれるといわれている。

陰陽石が並ぶむすひの岩

　また、宮司《みやづかさ》の飛鳥家は、現在八十七代目だという旧家である。国文学者・神道学者・民俗学者の折口信夫《おりくちしのぶ》も血縁にあたるそうだ。

【飛鳥坐神社】地図P139B1
高市郡明日香村大字飛鳥字神奈備708、
☎0744・54・2071、境内自由

伝《でん》飛鳥《あすかの》板蓋《いたぶきの》宮《みや》跡《あと》

入鹿暗殺の舞台

復元された板蓋宮の大井戸跡

　皇極《こうぎょく》天皇の息子・中大兄皇子《なかのおおえのおうじ》と中《なか》臣鎌足《とみのかまたり》が、天皇の面前で蘇我入鹿《そがのいるか》を倒した「大化改新《たいかのかいしん》」の舞台と伝えられている場所だ。

　発掘調査で見つかった遺構や遺物により、皇極天皇の宮殿跡であるとされている。さらにその上に、天武《てんむ》天皇の飛鳥浄御原宮《きよみはらのみや》跡が重なる二重以上の遺跡であるとも見られている。

【伝飛鳥板蓋宮跡】地図P139B2
高市郡明日香村岡、☎0744・54・3624（飛鳥総合案内所）、見学自由

五木さんのおすすめスポット

猿石《さるいし》 ユニークなポーズと表情が特徴

吉備姫皇《きびつひめのみ》子《こ》の墓の柵内にある、猿にも人面にも見える四体の花崗《かこう》岩《がん》石造物。そのうち三体は、裏側にも顔がある二面石である。

制作時期や目的は今も謎の石造物

終戦直後、進駐軍から盗まれないように猿石を埋めると、子供の病気や難産がつづいたという。掘り起こし宮内庁に供養をしてもらってからは、安産の神として知られるようになった。

【猿石】 地図P139A2
高市郡明日香村平田、☎0744・54・3624（飛鳥総合案内所）、見学自由

亀石《かめいし》 ユーモラスな表情に和《なご》まされる

飛鳥に点在する謎の石造物のひとつ。巨大な花崗岩《かこうがん》に亀の顔のような彫刻がされている。石の重さは、四〇トン以上という。橘寺《たちばなでら》の西方にある。

南西方向を向いているこの亀が、西を向くと、天変地異が起こるという伝承がある。

【亀石】 地図P139A2
高市郡明日香村川原、☎0744・54・3624（飛鳥総合案内所）、見学自由

高さ1.2m、長さ3.6m、幅2.1m。ふたつの目は笑っているようにも見える

鬼《おに》の俎《まないた》・鬼《おに》の雪隠《せっちん》 巨大な岩は鬼サイズ

欽明陵《きんめいりょう》そばの周遊路をはさんで、階段の上に俎、通りの下の畑の縁に雪隠と呼ばれる巨大な石造物がある。石室の床が俎で、天井と側壁部分が雪隠だったという説もある。昔このあたりに棲《す》んでいた鬼が、道に迷った旅人を捕らえては俎の上で調理し、食べた後下の雪隠で用を足したという伝承からこの名がつけられたという。

長さ約4.4m、幅約2.7mの鬼の俎

【鬼の俎・鬼の雪隠】 地図P139A2
高市郡明日香村野口（俎）、同村平田（雪隠）☎0744・54・3624（飛鳥総合案内所）、見学自由

岡寺《おかでら》（龍蓋寺《りゅうがいじ》）

三重塔や奥《おく》の院《いん》も持つ、風情あふれる花の山寺

天智《てんじ》二（六六三）年、草壁親王《くさかべしんのう》宮殿跡に義淵僧正《ぎえんそうじょう》が建立《こんりゅう》。日本最初の厄除《やくよ》け観音《かんのん》として知られる、西国三十三《さいごくさんじゅうさん》所巡礼第七番札所だ。つねに巡礼者が多く、春の石楠花《しゃくなげ》と秋の紅葉時期は、特ににぎわいを見せる。

本尊《ほんぞん》は、現存する中で最大最古といわれている塑造如意輪《そぞうにょいりん》観音坐像《ざぞう》。高さは四・五メートルある。

【岡寺】地図P139B2
高市郡明日香村岡806、☎0744・54・2007、12〜2月／8時〜16時30分・3〜11月／8〜17時、入山300円

4月中旬〜5月に、石楠花やさつきが満開となる

橘寺《たちばなでら》

のどかな田園地帯に建つ花に囲まれた太子信仰の寺

創建当時は、橘樹寺《たちばなのきのてら》と呼ばれた聖徳太子建立七ヵ寺のひとつ。現在も、聖徳太子誕生の寺として信仰を集めている。別名を菩提寺《ぼだいじ》ともいう。

かつては法相宗《ほっそうしゅう》だったが、江戸中期より天台宗《てんだいしゅう》に宗旨をかえた。比叡《ひえい》山延暦寺《ざんえんりゃくじ》の直末の仏頭山上宮皇院《ぶっとうざんじょうぐうおういん》橘寺となった。

本堂の左横には、人間の心の中にある善悪を表しているという二面石がある

創建時は、堂塔《どうとう》が揃った四天王《してんのう》寺式《しき》配置の大伽藍《がらん》だったらしい。しかし火災などによって焼失し、江戸時代には荒れたお堂ひとつが残るだけの小寺になってしまったという。その後一人の篤志《とくし》家《か》が私財を投じて、現在のような本堂（太子殿）、鐘楼《しょうろう》、観音堂などが整えられたという。

春には菜の花が周囲を一面の黄色に染める

【橘寺】地図P139B2
高市郡明日香村橘532、☎0744・54・2026、9〜17時、拝観350円

五木さんのおすすめスポット

萩《はぎ》王《おう》

風情ある邸宅でいただく人気の懐石とデザート

約六〇〇坪の敷地に建つ、築百年の大和棟《やまとむね》の商家。趣あるこの邸宅の中で、本格的な懐石料理とケーキを味わうことができる。

懐石は、真言宗醍醐派《しんごんしゅうだいごは》の僧侶でもある板前の然空《ぜんくう》師が腕を振るい、ティーサロンを担当するのは師の娘さんでパティシエの増田佳子《よしこ》さん。

食事は完全予約制だが、日替わりで八種のケーキが楽しめるティーサロンは気軽に利用できる。異なる食感の素材を重ねた「白いケーキ」が評判だ。ケーキセット一〇〇〇円。

18種類の料理がギュッと盛られたお福弁当2500円

店名は縁起のよい花「萩」と、仏を尊ぶ「王」から命名

【萩王】 地図P139B1
高市郡明日香村飛鳥180、☎0744・54・3688、11時30分～14時30分（ティーサロンは～16時）・17～19時（食事は完全予約制）、不定休、懐石昼5000円～・夜1万円～（内容は予約時に相談） ＊小学校低学年以下の入店不可

奈《な》良《ら》県《けん》立《りつ》万《まん》葉《よう》文《ぶん》化《か》館《かん》

「万葉集」と古代文化をテーマにした、飛鳥ならではのミュージアム。

万葉の秀歌を描いた平山郁夫《ひらやまいくお》画伯らによる日本画一五四点は見応え満点。ほかに万葉図書・情報室やカフェ、ミュージアムショップなども併設されている。また、合成画像で万葉人になれる「万葉ファッション変身ゲーム」など、参加体験型の設備もある。

古代の芸能人や市民の姿を再現

【奈良県立万葉文化館】 地図P139B1
高市郡明日香村飛鳥10、☎0744・54・1850、入館10～17時、水曜（祝日の場合は翌日）・展示替え日休館、万葉ミュージアム入館600円

犬養万葉記念館《いぬかいまんようきねんかん》

万葉集研究の第一人者であり、独特の節回しで万葉集を朗唱した「犬養節」で知られる犬養孝《たかし》氏と万葉に関する施設。

飛鳥をこよなく愛した氏揮毫《きごう》の万《まん》葉《よう》歌墨書《かぼくしょ》や、全国各地の万葉の風土にかかわるものを展示している。

また館内と中庭テラスにある喫茶サロンのみの利用も可能だ。

氏の蔵書図書7500冊も閲覧可能

【犬養万葉記念館】地図P139B2
高市郡明日香村岡1150、☎0744・54・9300、入館10時～16時30分、月曜（祝日の場合は翌日、4～5月・10～11月は無休）・年末年始休館、入館300円、コーヒー・紅茶各350円

飛鳥藍染織館《あすかあいぜんしょくかん》

見て食べて買って体験できるスポット

築百五十年の造り酒屋を改装した、藍布《あいぬの》と土鈴《どれい》のギャラリー。藍布は渡辺誠弥《わたなべのぶや》館長所有のコレクション約千点を、土鈴は展示館「産霊舎《さんれいしゃ》」にて民俗学者の鈴木正彦《すずきまさひこ》氏寄贈の約一万三千点を展示している。

また、ここでは藍染めと土鈴の絵付けの体験もできる。所要時間は小一時間ほど。藍染めは、ハンカチで一〇〇〇円～、絹のストール三八〇〇円など。土鈴の絵付けは鈴ひとつ一〇〇〇円と一五〇〇円の二種類。どちらも好きな素材を選び、お土産として当日持ち帰ることができる。

さらに併設された、食事処と喫茶処も雰囲気がよく人気だ。

季節ごとのさまざまなお菓子とコーヒーや蕎麦茶（各500円）なども味わえる

【飛鳥藍染織館】地図P139B2
高市郡明日香村岡1223、☎0744・54・2003、10～16時、無休、産霊舎入館500円（食事をすれば無料、喫茶利用なら半額）、土鈴絵付け1000円～、藍染め（しぼり）1000円～（予約優先）

館長自ら打つそばが自慢の「そば御膳」1500円

第九番

當麻寺

たいまでら

【宗　派】真言宗《しんごんしゅう》と浄土宗《じょうどしゅう》の両宗並立
【山　号】二上山《にじょうさん》禅林寺《ぜんりんじ》
【所在地】奈良県北葛城郡《きたかつらぎぐん》當麻町當麻一二六三

二上山《にじょうさん》は生と死の結界《けっかい》である。山のこちら側である大和は現世、向こう側の河内《かわち》は浄土だ。當麻寺の仁王《におう》（東大）門は、参詣者《さんけいしゃ》に、この山の雄岳《おだけ》と雌岳《めだけ》を額縁のように切り取って見せてくれる。門をくぐれば、そこは物語の世界である。ここに祀《まつ》られる中将姫《ちゅうじょうひめ》は、観音菩薩《かんのんぼさつ》の加護により蓮糸《はすいと》を使って一夜でこの寺の本尊《ほんぞん》「當麻曼荼羅《まんだら》」を織りあげたという。

修験道《しゅげんどう》の開祖《かいそ》、役行者《えんのぎょうじゃ》も、この寺に祀られる。

曼荼羅堂(本堂)に安置する、本尊「當麻曼荼羅」。国宝の厨子に掛け、須弥壇に祀る

歴史　中将姫《ちゅうじょうひめ》伝説に育まれた、懐広い宗派混合形式の古刹《こさつ》

當麻寺は、推古《すいこ》二十（六一二）年に、聖徳太子《しょうとくたいし》の弟である麻呂子皇子《まろこのみこ》が、河内《かわち》に三論宗《さんろんしゅう》の寺として「萬法蔵院《まんぼうぞういん》」を創建したのがはじまりだとされる。千四百年前である。その後、当地に移転されて「當麻寺」と改称された。

ところがあるとき、真言宗《しんごんしゅう》の開祖《かいそ》である弘法大師《こうぼうだいし》（空海《くうかい》）が立ち寄り、この寺に伝わる「當麻曼荼羅《まんだら》」を拝した。それ以来、當麻寺は真言宗の寺になったと伝えられる。

さらに鎌倉時代以降、その當麻曼荼羅にゆかりのある中将姫《ちゅうじょうひめ》伝説が阿弥陀《あみだ》信仰と結びついて浄土宗《じょうどしゅう》が入ってきた。そうした変遷《へんせん》をへて、當麻寺では真言宗の塔頭《たっちゅう》と浄土宗の塔頭が共存するようになったという。

西南院から望む国宝の東西両塔。手前が西塔

●當麻寺年表

六一二年（推古二十）	麻呂子皇子（聖徳太子の弟）が「萬法蔵院」を河内に創建。
六八一年（天武十）	當麻真人国見（麻呂子皇子の孫）が現在地に移転。
六八二年（天武十一）	「當麻寺」と改号。
八二三年（弘仁十四）	空海が参籠し、全山真言宗となる。
平安時代	「當麻曼荼羅」を中心とする浄土信仰の霊場となり浄土宗が加わる。
現在	真言・浄土両宗並立寺院となっている。

本尊にも変遷《へんせん》がある。

かつて當麻寺の本尊は、金堂《こんどう》に安置されている弥《み》勒仏《ろくぶつ》だった。しかし、平安期に浄土《じょうど》信仰が興《おこ》ると、曼荼羅が本尊の役割を担うようになっていった。現在、本堂にあるのは「文亀《ぶんき》曼荼羅（重文）」という十六世紀に複製されたものである。このもととなった「綴織《つづれおり》當麻曼荼羅（奈良時代作）」は、中将姫という若き女性が、当時女人禁制《にょにんきんせい》だったこの寺で出家し、観音《かんのん》と阿弥陀《あみだ》の協力を得て一夜にして織りあげたといわれる。国宝に指定され、現在は寺の秘仏とされている。

牡丹《ぼたん》、石楠花《しゃくなげ》、つつじに桜が咲き誇る

毎年四月下旬から五月のはじめ、當麻寺の境内《けいだい》は鮮やかな牡丹で埋まる。中之坊《なかのぼう》、西南院《さいなんいん》、護念院《ごねんいん》の各塔頭ではそれぞれ約千株、奥院《おくのいん》では約四千株というたくさんの牡丹が、それぞれ丹精《たんせい》こめて育てられた大輪の花を咲かせ、美しさを競う。

仁王門から本堂までの男性的な風情と対照的な、各塔頭庭園の花々

また、中之坊にある「香藕園《こうぐうえん》（蓮香る庭の意味）」では、その名の通り天然記念物の大賀蓮《おおがはす》が夏の池に花開く。西南院では牡丹と同じ頃、カラフルな石楠花が、秋には紅葉が見頃となる。

山頂からは大和三山をはじめ、晴れた日には遠く淡路島まで望める

二上山《にじようさん》

生の世界と死の世界とをわける〝山越他界〟の結界《けつかい》

二上山の雄岳《おだけ》と雌岳《めだけ》、ふたつの峰の間に夕日が沈んでゆく。昔の人びとは、その夕日に手を合わせ、いつしか二上山を浄土《じようど》の山と想《おも》うようになったのだろう。万葉の時代には、畏怖《いふ》の念を込めて「ふたかみやま」と呼んでいた。

東に見える三輪山《みわやま》は朝日の昇る「陽」の象徴であり、夕日が沈む西の二上山は「陰」の象徴だった。その中央に広がる大和の大地は現世であり、西方のかなたは来世と考えた。

それゆえに二上山は、生と死の結界とみなされた。もともと二上山は火山だった。古墳《こふん》時代には、ここから岩石を切りだして、さまざまな陵墓の建造に使ったという。

昔の人びとにとってこの山は、楽しかるべき浄土であり、かつ恐るべき死の象徴だったのである。

二上山西側には、「王陵《おうりよう》の谷」と呼ばれる墳墓《ふんぼ》群

雄岳（右・517m）と雌岳（474m）の2峰からなる二上山へは、往復3時間程の山歩きが可能。

がある。そこには今も、聖徳《しようとく》太子《たいし》や推古《すいこ》天皇、孝徳《こうとく》天皇といった多くの天皇や皇族たちが眠っている。

つまり、大和の側で生き、亡くなった人たちを河《かわ》内《ち》の側へ送りだすのだ。

また、雄岳山頂の葛木《かつらぎ》二上《にじよう》神社には、天武《てんむ》天皇の皇子・大津皇子《おおつのみこ》の墓があることでも知られる。大和に背を向けて立つその墓は、反逆者の汚名を着せられた、大津皇子の悲劇を物語る。

【場所】奈良県北葛城郡當麻町と大阪府南河内郡太子町の間（金剛生駒国定公園内）
【駅からの所要時間】近鉄大阪線二上駅から片道徒歩約1時間半、当麻寺駅から石光寺経由で片道約1時間半
【登山口】二上山香芝市上ノ池横登山口・太子町岩屋登山口・當麻町新在家大池横登山口など（所要時間：雌岳まで各徒歩往復約2時間半～3時間）
【万葉駐車場】二上山南麓、国道166号沿い登山口（無料）☎0745・76・6134
【問い合わせ】當麻町観光協会（當麻町役場内）☎0745・48・2811（代表）、http://www4.kcn.ne.jp/~t_kankou/
＊整備されているコースではあるが、小石の多い急斜面もある。登山の際には、天候なども事前確認し、山歩きに適したスポーツタイプのウエアや靴を用意したい。

當麻曼荼羅《たいままんだら》 観無量寿経変相図《かんむりょうじゅきょうへんそうず》

浄土《じょうど》が一目でわかる〝ビジュアルガイド〟

當麻曼荼羅は本尊《ほんぞん》である。本堂は、曼荼羅堂と呼ばれている。現在須弥壇《しゅみだん》上には、三代目の當麻曼荼羅、「文亀《ぶんき》曼荼羅」が安置されている。

當麻曼荼羅は、古代《こだい》の人びとが、やがて行けるであろう二上山《にじょうさん》の向こうの浄土を思い浮かべつつ描いたという。曼荼羅の中央には、阿弥陀《あみだ》三尊を中心とした三十七尊があり、その手前には宝池《ほうち》や宝樹《ほうじゅ》、奥の方には楼閣《ろうかく》宮殿が建っている。そのモチーフは、浄土三部経《じょうどさんぶきょう》のひとつ、「観無量寿経」というお経に書かれた阿弥陀浄土である。

「観無量寿経」は、極楽往生《ごくらくおうじょう》を願う人びとをその資質や能力によって九つの段階に分類する。そして、それぞれに適した瞑想《めいそう》法を表して、浄土往生の方法を説くらしい。

當麻曼荼羅は、読み書きのできなかった民衆にとって心の支えだった。だからこそ、鎌倉時代になると人びとの間で當麻詣《もう》でが盛んになり、曼荼羅信仰はさらに強まっていったのだ。

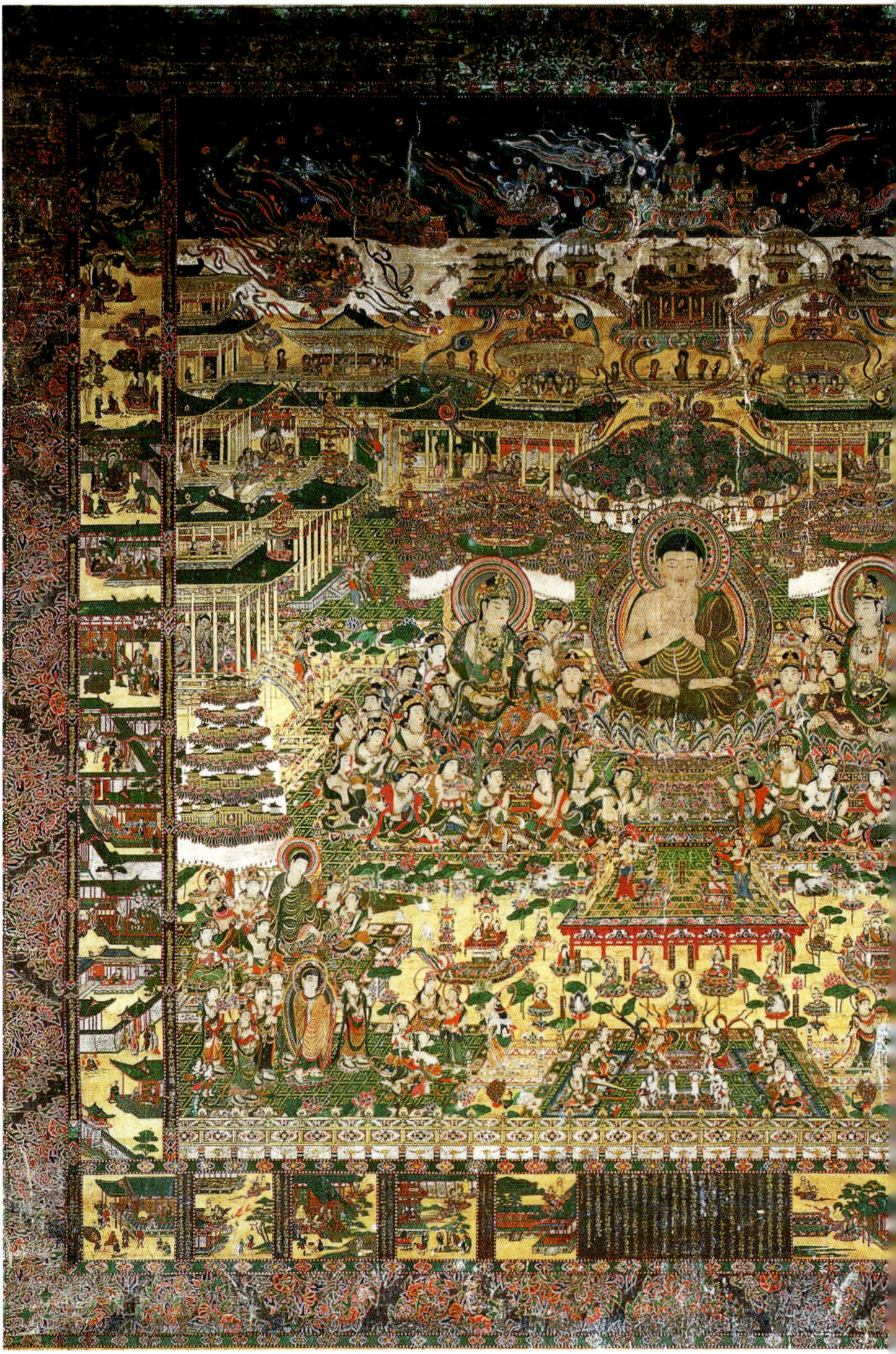

當麻曼荼羅は、釈迦が説いた悟りの境地を一目瞭然でわかるように表した図絵

當麻《たいま》曼荼羅《まんだら》絵解《えと》き説法会《せつぽうえ》　極楽浄土《ごくらくじょうど》を体感できる至極のエンターテインメント

當麻寺では、千年以上もの歴史を持つ「當麻曼荼羅絵解き説法会」を拝聴《はいちょう》できる。

それは、當麻曼荼羅に描かれた極楽浄土の有り様を、住職が独特の節回しにのせてわかりやすく説く法話である。所要時間は、三十～四十分程だ。

ひと通り絵解き説法会が終わると、次は曼荼羅に描かれた登場人物や情景について説明がはじまる。

なかでも興味深いのは、曼荼羅の右端の一列にある、十三段階に区分されたさまざまな絵の解説である。これは、釈迦《しゃか》の説いた〝瞑想方法〟だという。説明を受けながら、曼荼羅に描かれた絵をよく見れば、その瞑想がどういうものか納得できる。

一段目には、太陽の絵がある。瞑想に慣れないうちはこれを見て、西に沈む太陽の映像を、ただひたすら頭のなかに焼きつけるまで繰り返し思い描く。二段目の枠には植物の絵が描かれている。そして三段目には水が、次には建物がある。

これらは大地を示している。

つまり、浄土の象徴とされる、沈む太陽を自在に脳裏に浮かべられるようになったら、空から大地にイメージを移すのだ。そして、その大地に宝樹《ほうじゅ》を植え、宝池《ほうち》をつくり、楼閣《ろうかく》を築くのである。これらを繰り返すと、徐々に瞑想に慣れてくる。

すると、その極楽世界に仏さまを登場させることができるようになる。そして、最終的には自分自身を浄土に誕生させることができる。現世で極楽浄土を体験するわけだ。

平安や鎌倉時代、そういった一種のメンタルトレーニングを行うことは、修行であり、また、救いにもなっていた。今よりずっと生きることが辛く厳しかった時代、こころにいつも浄土を思い描けるということ、それが究極の癒《いや》しとなっていたのだろう。

こうして千年以上のあいだ人びとに究極の癒しを提供してきた絵解き説法会だが、他方では、その独特の節回しや物語が、やがて能《のう》や浄瑠璃《じょうるり》といった、芸能に発展していく。

【當麻曼荼羅絵解き説法会問い合わせ・申込先／中之坊】
絵解き参加は20名以上、縮小版の曼荼羅ならば2名から受付。中之坊の拝観料500円のほかに、別途料金は不要。
☎・FAX：0745・48・2001（最低2週間前の予約が必要）
Eメール：nakanobo@gold.ocn.ne.jp
記念品として「百分の一線書き曼荼羅」が配られる。

中之坊の客殿「絵天井の間」にて副住職、松村實昭師の絵解きを聴く

中将姫伝説《ちゅうじょうひめでんせつ》　今も多くのファンを魅了する「大和のモナ・リザ」

本堂《ほんどう》（曼荼羅堂《まんだらどう》）の内陣《ないじん》を進み、本尊《ほんぞん》、當麻曼荼羅の右手奥の薄暗い場所にまわりこむと、當麻寺の〝奇跡伝説のヒロイン〟中将姫像が祀《まつ》られている。

若い清楚な女性が袈裟《けさ》をまとい、手には数珠《じゅず》を持ち、合掌《がっしょう》している。目は半眼とでもいおうか、少し細めて、目元はほのかに赤らんでいるように見える。かすかに開いた唇には紅がひかれ、色あせていながらも、なまめかしい。なにかを語りかけているようにも見え、その小さな白い顔の表情は非常に魅力的だ。

ミステリアスな雰囲気を漂わせており、とても木製の像とは思えない。

アメリカの東洋美術史家であったフェノロサは、法隆寺《ほうりゅうじ》の秘仏、救世観音《くせかんのん》像を見て、「モナ・リザの微笑みに似ている」と表現したらしい。ならば、中将姫は「大和のモナ・リザ」と名づけたい。

女人禁制《にょにんきんせい》をも解いた悲劇のヒロインの念パワー

中将姫伝説は、今から約千二百年前の奈良時代までさかのぼる。

諸説あるのだが、彼女は当時の右大臣、藤原豊成《ふじわらのとよなり》（一説では横佩《よこはぎ》大納言豊成ともされている）の娘だといわれる。

幼くして実母を亡くした中将姫は、継母《ままはは》から命を狙《ねら》われていた。

十六歳のときに、現世の浄土を求めて奈良の都を離れ、二上山の落陽に導かれるように當麻寺にたどり着いたという。

当時女人禁制だった當麻寺への入山はなかなか難しかった。しかし、観音菩薩《かんのんぼさつ》の加護を信じ、一心に念仏を唱え、出家《しゅっけ》を果たし、ついには尼僧《にそう》となる。

法如《ほうにょ》という号も授かった。

　その後、教主阿弥陀如来《あみだにょらい》とその脇士《わきじ》、観音菩薩の加護を得て、五色に染めた蓮糸《はすいと》で巨大な「綴織當麻《つづれおりたいま》曼荼羅《まんだら》」を一夜にして織りあげたと伝えられている。

エロティックともいえる、魅力的な表情を浮かべた像である

　これが現在も當麻寺の本尊として崇《あが》められている国宝「當麻曼荼羅」の由来である。

　尼僧法如は、人びとに現世浄土の教えを、絵解きを通じて説きつづけたという。そして、二十九歳のとき、阿弥陀二十五菩薩の迎えを受け、極楽浄土へと憧れの現身《うつしみ》往《おう》生《じょう》を果たしたと語り継がれている。

　中将姫のこの物語は、女性も浄土に往生できるという好例として受け入れられた。そして、當麻曼荼羅の功《く》徳《どく》と合わせて人びとに広く伝わり、浄土宗信者を集めるきっかけにもなったという。

役行者《えんのぎょうじゃ》

日本の宗教の開祖《かいそ》ともいえる謎に包まれた大和の超人

大和が誇る呪術者で、山岳修験道《しゅげんどう》の開祖である役行者は、不思議な逸話に包まれた超人である。

幼いころから博識で知られていた役行者（当時の名前は小角《おづぬ》だった）は、青年期になると大和のみならず、近畿や東海の山々へもこもり、過酷な修行を積んだ。その結果、人間離れした神通力《じんつうりき》を体得したと伝えられている。

つねに弱者の味方であり、人望も篤《あつ》かったという。人びとの病気を治したり、井戸を掘り当てる指導をしたりもしたそうだ。さらに、多くの寺院や道場を開いたという記述も数多く残っている。今でいう技術者、医者、哲学者、師範、学者、教師である。

役行者が開いた修験道の奥義《おうぎ》は、五感を研ぎ澄まし、自然界に溶けこみ、樹や岩、風や水と心身を一体化させ、精神を高めてゆくというものだという。

今も、教えを信じる行者たちが、修行を積んでいる。

人気が浮上した役行者の像は、2001年の1300年忌に本堂へ移された

◉當麻の里は、日本の芸能やスポーツの原点

【浄瑠璃《じょうるり》・歌舞伎《かぶき》】

社会的にも宗教的にも差別されてきた女性たちが、女人成仏《じょうぶつ》の先達として中将姫《ちゅうじょうひめ》に憧れ、支持したのは当然のことだった。

室町時代には、當麻曼荼羅《まんだら》にまつわる中将姫伝説が世阿弥《ぜあみ》の目に留まり、念仏讃嘆をテーマとした謡曲「當麻《たえま》」が作られた。それは広く流布《るふ》し、當麻詣《もう》で熱を興《おこ》すまでに至ったという。

近世には、近松門左衛門《ちかまつもんざえもん》らによる「中将姫物語」が大流行したそうだ。

中将姫の逸話に節やメロディー、歌、舞などが加わった、それらの作品は、後に浄瑠璃や歌舞伎といった日本の芸能に発展した。

つまり、當麻の里は日本の芸能の原点なのだ。

【相撲】當麻蹶速塚《けはやづか》(五輪塔)

相撲《すもう》の始祖・當麻蹶速の墓所

垂仁《すいにん》天皇の時代、「自分こそ最高の強者」であるとうぬぼれていた当麻邑《たいまむら》の當麻蹶速は、出雲《いずも》の力士・野見宿禰《のみのすくね》と力比べをすることになった。

これがわが国最初の天覧相撲であり、相撲の起源だといわれている。

取り組みの結果は、蹶速の惨敗だった。脇骨を折られ、命を落とした蹶速の供養《くよう》のために建てられた墓所がこの五輪塔である。

けはや座前にある供養塔

【けはや座】

国技、相撲のミュージアム

国技、相撲の発祥の地にふさわしく、その歴史や伝承を紹介している資料館。館内には大相撲本場所で使用されるのと同じサイズの土俵をはじめ、江戸時代の番付表など、相撲に関する一万点にも及ぶ資料が展示されている。

2003年春にリニューアル

【けはや座】地図P169B1
當麻町當麻83-1、☎0745・48・4611、8時30分~17時、火・水曜・祝日(水曜が祝日の場合は翌日)・年末年始休館、300円

練《ね》り供《く》養《よう》

聖《しょうじゅ》衆来《らい》迎《ごう》練《ねり》供《く》養《よう》会《え》式《しき》 二十五菩《ぼ》薩《さつ》が浄《じょう》土《ど》へ誘《いざな》う、年に一度の一大イベント

當麻寺では、毎年五月十四日に「練り供養」という行事を行う。通称、「當麻のお練り」と呼ばれているが、お練り、當麻会式、迎講《むかえこう》、當麻れんぞ、面《めん》担《かつ》ぎなどの別称もある。當麻寺最大の行事であり、正しくは、聖衆来迎練供養会式という。

この日は、本堂が西方浄土に見立てられて「極楽《ごくらく》堂《どう》」と呼ばれ、人間世界にあたる娑婆《しゃば》堂との間に橋がかけられる。これは「来迎橋《らいごうばし》」と呼ばれ、全長一二〇メートルに達する長い掛け橋である。この上が舞台となる。

舞台の上では、阿弥陀仏《あみだぶつ》が聖衆《しょうじゅ》を伴い、臨終《りんじゅう》の念仏行者を極楽浄土へ迎えに来るという情景が演じられる。二十五菩薩に扮《ふん》した人たちが、念仏行者に扮した人を、極楽浄土に仮想された本堂まで案内するのだ。

儀式がクライマックスに近づくと、いよいよ、本

練供養会式の所要時間は１時間程度。当日は、早めに行かないと境内に入れない

日の主役である中将姫《ちゆうじようひめ》の登場である。観音と勢至《せいし》、普賢《ふげん》の三菩薩が、蓮台《れんだい》に乗せた中将姫を浄土である極楽堂に導く。

その時刻になると、太陽が西に傾き、二上山にさしかかる。空は赤く燃え、まさに極楽浄土のイメージが大空に広がる。その下を、中将姫が菩薩に導かれて、長い浮き橋を渡って極楽堂へと消えていく。その間、人びとは、二上山の落日を眺め、その向こうにある極楽浄土を想像して法悦《ほうえつ》に浸るのである。

菩薩たちが念仏信仰を熱演。1000年続く伝統行事

練り供養が五月十四日に行われるのは、中将姫が生身のまま往生したとされる旧暦四月十四日にちなんでいる。

人びとは、中将姫に託して極楽浄土を想い、現実の苦しみや哀しみに打ち勝つ力を得て家路につくわけである。

もっとも、現実生活もまるで浄土のような現代にあっては、「練り供養」は、雅楽が流れる境内において、実際に歩く菩薩の姿が拝めるという、ありがたく楽しいイベントだ。

実際、観衆で埋まる境内に浮かぶ一筋の橋は、いわば舞台の花道であり、介添え役につきそわれた二十五菩薩がずらりと往復する様は、観客を堪能させてくれる。

この練り供養は、平成十六（二〇〇四）年で千回目を迎えるという。平成十七年からは、菩薩の面はすべて一新されるという。

寺宝《じほう》 日本唯一、最古といった名宝の数々

「當麻曼荼羅《たいまんだら》」を掛《か》ける巨大な須弥壇《しゅみだん》(国宝)をはじめ、當麻寺は、白鳳《はくほう》・天平《てんぴょう》の文化が香る多数の建造物や彫刻を所蔵している。金堂《こんどう》(重文)には、法隆寺に次ぐ古像としても知られる、乾漆造《かんしつづくり》では日本最古例の「四天王立像《してんのうりゅうぞう》(重文)」なども祀《まつ》られている。

弥勒仏《みろくぶつ》(菩薩《ぼさつ》)坐像《ざぞう》 国宝・金堂・白鳳時代

開眼《かいげん》は天武《てんむ》10(681)年。金堂の中央須弥壇上に安置される、當麻寺創建時の本尊。土を盛ってつくられた塑像としては日本最古。奈良時代最大を誇る2.2mの堂々とした風格の前に立てば、翳《かざ》された手のひらから放たれる、頼もしくも優しい無言の念を、これまで多くの人が受け取っていったであろうことが偲《しの》ばれる。胎内は明らかになっていないが、一説によると役行者《えんのぎょうじゃ》の念持仏である「孔雀明王《くじゃくみょうおう》」を蔵しているといわれている。

東塔《とうとう》　国宝・奈良時代

西塔《さいとう》　国宝・平安時代

創建時の東西双塔がそろって現存するのは當麻寺だけである。東塔内陣《ないじん》には宇宙の象徴である大日如来《だいにちにょらい》が、西塔には阿弥陀《あみだ》如来と弥勒菩薩が祀られている。

見上げれば、東塔の水煙《すいえん》は珍しい魚骨形、西塔は蔓唐草に未敷蓮華《みぶれんげ》を火焔《かえん》状に配した古式で華麗な意匠であることがわかる。双塔とも、相輪の数が通常よりひとつ少ない八輪であることも特徴だ。

木造建築ならではの重圧感と迫力がある。見ているだけで創建時の人びとの気持ちが偲《しの》ばれる。境内の奥に入って、塔の真下から仰ぎ見たい。

◉日本最古の……

石《いし》灯《どう》籠《ろう》　重要文化財・白鳳時代

高さ二・一七メートルの二上山《にじょうさん》産の凝灰《ぎょうかい》岩《がん》製。最古だけあって、上部の宝珠《ほうじゅ》も風化がはなはだしく、欠けている細部をじっくりと見れば痛々しくもある。しかし、古風なスタイルを保つ台座部分の蓮弁《れんべん》にいたっては、どっしりと力強く、頼もしささえ感じられる。全体にあたたかみを持つ灯籠である。

梵《ぼん》鐘《しょう》　国宝・白鳳時代

仁王（東大）門を入ってすぐ左正面にある、石組みのお堂に掛かる銅製の梵鐘。「日本最古」と記した札が立っているのですぐにわかるはずだ。現在は一部に亀裂が生じているため、残念ながらもう打ち鳴らされることはない。創建当時から残る、誉れ高き梵鐘である。

境内地図
當麻寺

中之坊（なかのぼう）
開創に伴い、別当住職の住房として創建された高野山真言宗別格本山。中将姫に由来する女人信仰の道場でもある。

護念院（ごねんいん）
天平の双塔を借景にした牡丹園を持つ浄土宗の塔頭。60種1000株の牡丹と樹齢100年を越すつつじがここの自慢。

西南院（さいないん）
裏鬼門の守の真言宗寺院として創建された西塔の別当。庭園には妙音を奏でる水琴窟がある。牡丹と石楠花が有名。

奥院（おくのいん）
浄土宗総本山知恩院の「奥之院」として建立された。4000株が咲く牡丹園が人気。精進料理（要予約）も楽しめる。

【當麻寺】
奈良県北葛城郡當麻町當麻1263、
奥院☎0745（48）2008、
護念院☎0745（48）2004、
西南院☎0745（48）2202、
中之坊☎0745（48）2001、
9～17時、拝観料500円（本堂・講堂・金堂）、
奥院・護念院・西南院300円、中之坊500円、
近鉄当麻寺駅から徒歩15分。
http://www.taimadera.or.jp/（奥院）、
http://www.taimadera.org/（中之坊）

【當麻寺の塔頭】最盛期には50以上を数えたという。現在は、中之坊や西南院など真言宗が5院、奥院と護念院の浄土宗2院の、計7院からなっている。写真で紹介した4院には、それぞれ抹茶席が設けられている。

屯鶴峰《どんづるぼう》（県天然記念物）ストイックな霊場ムード漂う、かつての葛城山岳修験場《かつらぎさんがくしゅげんじょう》

かつては山伏《やまぶし》や修験者《しゅげんじゃ》など山岳信仰者の修行の場だったというのもうなずける、ダイナミックな地形の景勝地。「屯鶴峰」という名前は、鶴が屯《たむろ》しているように見えることに由来する。

その名の通り、このあたりだけが白く波打つような地肌をさらす、特異な別天地となっている。

この地は、二上山《にじょうさん》が火山活動で排出した火山灰が固まって、隆起と風化浸食により自然がつくりだした奇岩・奇勝だという。

奈良と大阪の県境、二上山北に位置する標高約一五〇メートルのこの白き峰からは、雄岳《おだけ》と雌岳《めだけ》が左右逆に見える。

奈良側から眺めるのとは異なるイメージの〝二上山〟だ。

かつて険しいこの場所を、役行者も駆け回ったのだろう

【場所・行き方データ】 地図P167

場所／奈良と大阪の間の香芝《かしば》市穴虫。「金剛生駒国定公園」内「奇勝・どんづる峯」の看板が目印。徒歩／近鉄南大阪線上ノ太子駅、二上山駅より徒歩約1時間。近鉄大阪線関屋駅より徒歩30分。ダイアモンドトレイル北始発点方面。自動車／国道165号線（長尾街道）から県道香芝太子線を近鉄南大阪線に平行して約800m程進んだ北側に上り口がある。タクシー／近鉄関屋駅から10分程。問い合わせ／香芝市役所商工農産課☎0745・76・2001

傘堂《かさどう》

三百年以上もひっそりと佇《たたず》む ぽっくり信仰の小さなお堂

大池の東のほとりにある、宝形造りの瓦屋根を心柱一本で支えた珍しい建築物。一風変わったその風貌はまさに「傘のお堂」そのもの。江戸時代に建てられたといわれている。

この傘堂には、お堂の周囲を回りながら三度お参りすれば、長患《ながわずら》いをしても他人の世話を受けず、自分も苦しまず、終命時には晴天に恵まれるという安楽往生の信仰がある。

【傘堂】地図P169B1
北葛城郡當麻町大字染野、☎0745・48・2811（當麻町観光協会）

江戸前期の位牌堂という

室大墓《むろのおおばか》（宮山古墳《みややまこふん》）

御所《ごせ》市の室という場所に「宮山古墳」、通称「室大墓」と呼ばれる、わが国の巨大古墳のなかで二十位内に入る大型古墳がある。これは、五世紀前半頃に作られた全長二三八メートルの前方後円墳である。誰の墓かは不明だが、葛城氏の始祖・葛城襲津彦《そつひこ》の墓説が有力。八幡神社の境内奥にある階段を登った、丘全体がその場所だ。

【室大墓】地図P167
御所市室、☎0745・62・3001（御所市教育委員会事務局）

王の柩らしい石棺がある

五木さんのおすすめスポット

宗胤院《そういにん》

奥庭の茶花山野草園を眺めつつ古都の伝統〝茶粥〟を堪能《たんのう》

宗胤院では、予約をすれば昼時に、季節の素材をいかした大和名物の茶粥点心《ちゃがゆてんしん》が味わえる。青ジソをあしらった香ばしい茶粥に、旬野菜の煮物やこんにゃくの田楽などが添えられたゆかしいお膳だ。食後に抹茶《まっちゃ》と和菓子がつくのもうれしい。

【宗胤院】地図P169B1

☎0745・48・2649、11時30分〜14時（予約制）、火曜・年末年始休み、茶粥点心2700円（宗胤院拝観料込み）

茶は仏道修行時の霊薬だった

中之坊《なかのぼう》　お抹茶席《まっちゃせき》

茶室は、片桐石州作

最古の僧坊で優雅に一服

當麻寺には個性豊かな庭園を持つ、いくつかの塔頭《たっちゅう》がある。それぞれで、抹茶や昼食（要予約）の席を設けている。なかでも中之坊では、庭園「香藕園《こうぐうえん》（名勝史蹟、桃山時代造園）」に面した貴重な「書院」で、参拝途中の一服を楽しむことができる。

【中之坊　お抹茶席・陀羅尼助】地図P169B1

☎0745・48・2001、9〜17時、無休、中之坊拝観500円、抹茶400円、丸薬3200粒入りボトル2500円、丸薬27包入り箱1200円、板状薬24回分1200円

陀羅尼助《だらにすけ》

役行者《えんのぎょうじゃ》に縁《ゆかり》の深い副作用のない万能薬

中之坊で販売されている日本最古の和漢胃腸薬。かつては、薬草の精製とともに陀羅尼を読誦した。今日も内外両用の妙薬として知られ、風邪や倦怠感《けんたいかん》、唇のあれ、火傷など外傷にも効能があるという。現在販売するのは、大峰山《おおみねさん》で作られたもの。

陀羅尼（真言）を唱えて製薬した

中《ちゅう》将《じょう》堂《どう》本《ほん》舗《ぽ》　當麻土産に

中将姫にちなんだ名物「中将餅《ちゅうじょうもち》」は、當麻の地で採れたよもぎを使った香り豊かな草餅に餡《あん》をのせた伝統和菓子。店内で「煎《せん》茶《ちゃ》セット」（三〇〇円）として楽しめる。

お土産用は、八個入り五〇〇円から数種類ある。地方発送もできる。

【中将堂本舗】地図P169B1　北葛城郡當麻町當麻55-1、☎0745・48・3211、9～18時、年に3回休みあり（7月21日～8月7日、8月21～31日、12月31日～1月7日）

牡丹の花を模した餡の「中将餅」

稜《そば》　みずみずしいそば本来の味を堪能

長野の黒《くろ》姫《ひめ》産のそばを使った翡《ひ》翠《すい》色の〝せいろ〟、岩手産のそばを絶妙の加減で挽《ひ》いた黒っぽい〝田舎〟など、店主のこだわりが味わえる。おろし、山かけなどのバリエーションや、そばがきもある。

【稜】地図P169B1　北葛城郡當麻町當麻1256-2、☎0745・48・6810、昼の部11時30分～売り切れ次第終了・夜の部は一組のみ予約受付（そばを使ったフルコース5000円・税込み）、火曜定休

約200年前の宿坊の離れを改造した

第十番

東大寺

とうだいじ

【宗　派】華厳宗大本山《けごんしゅうだいほんざん》

【所在地】奈良市雑司町《ぞうしちょう》四〇六－一

東大寺は、奈良時代における国家的大事業のシンボルである。一二万坪もの広大な境内には、大仏殿《だいぶつでん》（金堂《こんどう》）を中心に、南に南大門《なんだいもん》、東に二月堂《にがつどう》・法華堂《ほっけどう》、西に戒壇院《かいだんいん》などが並ぶ。国宝二十九件、重要文化財百二十一件を誇り、ユネスコの世界遺産に登録されている。

東大寺のシンボルは、いうまでもなく、「奈良の大仏さん」こと盧舎那仏《るしゃなぶつ》である。三千世界の中心仏であり、宇宙そのものとしてそこにあり、人びとを包みこむ。

除夜の大仏殿。大晦日から元旦にかけてと8月15日の年に2度、大仏殿正面の唐破風下の窓が開かれ、そこにちょうど大仏の顔が現れる。「奈良の大仏さん」の威容を実感する光景だ

歴史　海外の文化を大胆に取り入れてきた天平《てんぴょう》随一《ずいいち》の「東之大寺《ひんがしのおおてら》」

昭和48（1973）年、大仏殿の大修理開始。昭和55年落慶供養が盛大に行われた

●東大寺年表

七二八年	（神亀五）	聖武《しょうむ》天皇が亡き皇太子を弔《とむら》うために山寺（金鐘山寺《きんしょうせんじ》の前身）建立。
七四一年	（天平十三）	「金光明四天王護国之寺《こんこうみょうしてんのうごこくのてら》」の号を定める。
七四三年	（天平十五）	紫香楽宮《しがらきのみや》の甲賀寺で大仏造立が開始される。
七四五年	（天平十七）	大仏造立を現在の東大寺に移す。
七五二年	（天平勝宝四）	菩提僊那《ぼだいせんな》が開眼《かいげん》導師を務め、大仏開眼供養会《くようえ》が行われる。
七五四年	（天平勝宝六）	鑑真《がんじん》が聖武太上《だじょう》天皇、孝謙《こうけん》天皇ら四百四十人に菩薩戒を授ける。
七六〇年	（天平宝字四）	講堂《こうどう》、戒壇院、東西七重塔《しちじゅうのとう》など、主要伽藍《がらん》がほぼ完成する。
八二二年	（弘仁十三）	空海《くうかい》が東大寺内に灌頂《かんじょう》道場を開く。
八五五年	（斉衡二）	大地震によって大仏の頭部落下。大仏修理開始。
八六一年	（貞観三）	三月十四日に大仏開眼供養が行われる。
一一八〇年	（治承四）	平重衡《たいらのしげひら》の兵火で大仏殿など諸堂焼失。
一一八五年	（文治元）	三度目の大仏開眼供養が行われる。
一二〇三年	（建仁三）	南大門《なんだいもん》仁王《におう》像開眼。東大寺総供養が行われる。
一五六七年	（永禄十）	三好・松永の戦いで大仏殿など諸堂焼失。大仏の頭部再度落下。
一六九二年	（元禄五）	一ヵ月にわたり大仏開眼供養が行われる。
一八八六年	（明治十九）	華厳宗《けごんしゅう》として独立する。
一九五二年	（昭和二十七）	十月十二日より八日間、大仏開眼千二百年法要が行われる。
一九八〇年	（昭和五十五）	大仏殿修理完了。大仏殿昭和大修理落慶供養会《らっけいくようえ》が行われる。
二〇〇二年	（平成十四）	十月、大仏開眼千二百五十年慶讃大法要《けいさんだいほうよう》が行われる。

「東大寺」とは、「平城京の東にある大寺（官立寺院）」という意味である。

神亀《じんき》五（七二八）年、聖武《しょうむ》天皇が早世した皇太子の菩提《ぼだい》を弔《とむら》うために建てた金鐘山寺《きんしょうせんじ》が前身とされる。

東大寺と呼ばれるようになったのは、大仏の造立《ぞうりゅう》が開始された頃である。当初は「東之大寺《ひんがしのおおてら》」と呼ばれ、それがいつのまにか、東大寺として定着した。

本尊である大仏、盧舎那仏坐像《るしゃなぶつざぞう》の開眼供養《かいげんくよう》が行われたのは天平勝宝《てんぴょうしょうほう》四（七五二）年である。もともと全国の国分寺の中心ということで、戒壇院《かいだんいん》も建設された。

大寺の例に洩《も》れず、これまで再三にわたって災難に見舞われた。平安時代には大地震によって大仏の頭部が落下し、兵火に遭《あ》って、大仏殿《だいぶつでん》が焼失したこともある。江戸時代に修復されるまでは、大仏像は露座《ろざ》のままだった。

それでも多数の遺産を今に伝える東大寺は、かけがえのない仏教美術の宝庫である。

有名なお水取りは、東大寺を開いた良弁の高弟である実忠がはじめた東大寺の代表的行事

盧舎那仏坐像《るしゃなぶつざぞう》

「奈良の大仏さん」と呼び親しまれる東大寺のシンボル

大仏、盧舎那仏（毘盧遮那仏《びるしゃなぶつ》）坐像の目の前に立つと、ただただ見上げるしかない。

盧舎那仏とは、サンスクリット語の「ヴァイローチャナ」に漢字をあてたものだ。その意味は、「世界を照らし、生きているものすべてに慈悲を与え、宇宙全体を包括するもの」と華厳経《けごんきょう》に説かれている。

創建当時、この巨大な大仏は蓮弁《れんべん》から螺髪《らほつ》まで全身が金色だったという。まさに万物を照らす、輝かしい太陽そのものだったはずだ。

度重なる兵火や大地震で損傷を受け、奈良・鎌倉・戦国・江戸という四つの時代で修理修繕されてきた。つるりとした顔に比べると、上半身には継ぎ跡が目立っている。

現在でも天平《てんぴょう》当初そのままの姿をとどめているのは、その巨大な姿と、繊細な線刻画が施された蓮華《れんげ》座《ざ》、右脇から腹部にかけての部分といわれる。

蓮華座に描かれる線刻画の天女

蓮弁の線刻の制作はわずか５ヵ月間程

盧舎那仏坐像・国宝・大仏殿。銅造、鍍金。像高14.98m。鼻高0.5m、目長1.02m、耳長2.54m。莫大な費用と労働力を費やし、国家的事業として造立された、華厳経の象徴

大仏殿《だいぶつでん》（金堂《こんどう》）その威容、迫力と美しさを合わせ持つ世界最大級の木造建築物

鴟尾の高さは3.33m、幅2.48m。巨大な大仏殿にふさわしく、鴟尾も特大だ

大仏を安置している大仏殿（国宝）は、世界最大級の木造建築である。その規模、東西（正面）五七メートル、南北（側面）五〇・五メートル、高さ四八・七メートル。

大仏殿は、大仏開眼供養会《かいげんくようえ》が営まれた天平勝宝《てんぴょうしょうほう》四（七五二）年に完成したとされている。その後、大風や大地震などでたびたび損傷を受け、修理修繕を繰り返す。

特に平安末期と戦国時代の二度の兵火で、創建時の面影をなくしてしまったが、鎌倉と江戸時代の二度、大規模な再建が行われている。

大仏殿はいまでも十分に巨大な建物だが、創建当時はいまの一・五倍もあった。江戸時代に行われた大修理のときに巨木の調達が思うようにできなかったため、やむを得ず、正面の幅を約三〇メートル縮小したそうだ。

大仏殿前中央には、大仏開眼当時に造られたという金銅の八角燈籠(国宝)が立つ

「古代の日本人は、スケールの大きな美意識を持っていたのだなと、つくづく感じますね」

修《しゅ》二《に》会《え》（お水《みず》取《と》り）天《てん》平《びょう》時代より、一度も中断していない神秘的で荘厳な、伝統的法《ほう》要《よう》

二《に》月《がつ》堂《どう》創始者の実《じっ》忠《ちゅう》がはじめた厳《げん》粛《しゅく》な伝統行事である。毎年三月一～十四日に行われる。「お水取り」とも呼ばれるが、正しくは「修二会」、または「十《じゅう》一《いち》面《めん》悔《け》過《か》」ともいう。

天《てん》平《ぴょう》勝《しょう》宝《ほう》四（七五二）年から現在まで千二百五十余年間、まったく中断することなく続いている、東大寺を代表する法要だ。

期間中は、二月堂で、練行衆《れんぎょうしゅう》と呼ばれる十一名の僧侶が、勇壮な火の行《ぎょう》「達《だっ》陀《たん》」をはじめ、「走り」や「五《ご》体《たい》投《とう》地《ち》」など、さまざまな儀式をとり行う。普段は静かな二月堂周辺も、この時期ばかりは熱気が絡み合い、沸《わ》き立つ。

一般参拝者も、事前に許可さえ取れれば、堂内でさまざまな儀式を間近に見ることができるという。毎夜練行衆の道明かりとして、登廊《のぼりろう》から二月堂の舞台へ登る「お松《たい》明《まつ》」を近くで眺めるだけなら、特別

3月12～14日、深夜火の行「達陀」。練行衆が巨大な松明で礼堂を打ちつける

練行衆は万人に代わって新年の天下泰平、五穀豊穣、万民快楽を祈願し、前年の罪を懺悔する

な許可はいらない。

しかし「お水取り」が行われる十二日の夜は、重さ約八〇キロもある「籠《かご》松明」が登場する。この日は相当な混雑が予想され、いい場所で見物するには、早めに二月堂に行く必要がある。また、夜の行事なので、かなり冷える。防寒対策はしっかりしたい。

●修二会 主要行事スケジュール

3月1〜11日　19：00〜　松明上堂
（欄干にまで出るお松明は10本、所要時間約30分）
3月5日　20：00〜　過去帳
3月12日　19：30〜　松明上堂（籠松明11本、約45分）
20：00〜　過去帳
24：00〜　走りの行法・五体投地
1：00〜　水取り行列
3：00〜　達陀
3月13日　19：00〜　松明上堂（お松明10本、約30分）
22：00〜　走りの行法・五体投地
24：00〜　達陀
3月14日　18：30〜　松明上堂（お松明10本、約10分）
22：00〜　走りの行法・五体投地
23：00〜　達陀

大仏《だいぶつ》お身拭《みぬぐ》い

人間の小ささを思い知らされる真夏のお清め

大仏の頭上で966個の螺髪の間もふき取る。大仏殿の拝観料で見物可能

毎年八月七日に行われる、東大寺大仏殿《だいぶつでん》の恒例行事である。「お身拭い」とは大仏に付着したホコリやススなどの汚れを取る大掃除のこと。

お身拭いをするのは、白装束《しろしょうぞく》をまとった約二百人の僧侶や関係者だ。早朝、修二会《しゅにえ》でも使われている二月堂《にがつどう》下の湯屋《ゆや》でまずお清めをする。次に、午前七時に大仏殿へ集い、撥遣作法《はつけんさほう》が行われる。それから、全員でお経を唱えた後、作業がはじまる。頭に手拭《てぬぐ》いを巻きつけ、ワラ草履《ぞうり》にマスクといういでたちで大仏に張りつくようにして、一年分の汚れを落としていくのである。

高所での作業は、天井からつるしたブランコ状の籠《かご》を利用する。ロープを繰《あやつ》りながら操作するのだが、相手は高さ約一五メートルもある大仏である。危険なので見ている方も気が抜けないが、大仏にまといつく人間の姿は、どこかユーモラスでもある。

大仏の顔長は5.33mある。巨大な唇はもちろんのこと、鼻の穴や耳の中までていねいに清められてゆく

仁王像《におうぞう》と南大門《なんだいもん》 寺域《じいき》を守る鎌倉彫刻の大作とわが国最大級の門

南大門は、東大寺の正門である。幅二九メートル、高さ二五メートルと、現存する中では日本最大級の門として知られている。天平《てんぴょう》時代に創建された。しかし、大風で倒壊し、さらには平重衡《たいらのしげひら》の南都焼き打ちによって焼失した。現在のものは鎌倉時代に再建されたものである。

天井がなく、梁《はり》や柱がむきだしになっている。これは、「大仏様《だいぶつよう》」と呼ばれる造りで、宋《そう》（中国）の建築を参考に考案された手法である。東大寺鎌倉再建の功労者である重源《ちょうげん》が、「短期間で、千年もの雨風に耐える強固なものを造ろう」と考えて、この工法を採用したといわれている。

門の左右に安置されている仁王像は、向かい合わせで並んでいる。このように仁王が相対して立ち並ぶのは、日本でも東大寺のこの双像だけだという。像高はともに八メートル以上、総重量は六トン強である。建仁《けんにん》三（一二〇三）年に運慶《うんけい》や快慶《かいけい》といった優れた四人の大仏師と多くの小仏師によって、この巨大な像が、わずか六十九日間で制作されたという。下から見たときにより迫力がでるように、下半身よりも上半身が大きく造られている。

東大寺南大門・国宝・入母屋造り。日本一の木造建築門

毎年七月一日から十月三十一日まで、「ライトアッププロムナード・なら」事業の一環として、夜間に東大寺の大仏殿《だいぶつでん》や南大門がライトアップされ、境内は昼間と異なる風情となる。闇夜に浮かぶ仁王像も幻想的だ。

【左・阿形／金剛力士立像】鎌倉時代。高さ8.36m。【右・吽(うん)形／金剛力士立像】鎌倉時代。高さ8.38m。ともに国宝。かつては極彩色が施されていたという

二月堂《にがつどう》と裏参道《うらさんどう》

東大寺の素顔に触れられる〝とっておき〟の場所

毎年三月一～十四日に行われる「修二会《しゅにえ》（お水取《みずと》り）」の舞台となる御堂《みどう》。本尊《ほんぞん》は、誰も確認できない絶対秘仏の「十一面観音菩薩像《じゅういちめんかんのんぼさつぞう》」である。

第一回目の大仏開眼供養会《かいげんくようえ》が行われた天平勝宝《てんぴょうしょうほう》四（七五二）年に創建された。しかし、寛文《かんぶん》七（一六六七）年に「修二会」の儀式のひとつである「達《だっ》陀《たん》」の松明《たいまつ》で炎上、その二年後、徳川第四代将軍家《いえ》綱《つな》によって再建された。

舞台造《ぶたいづく》りのその建物は、現代に残る江戸建築の傑《けっ》作《さく》と名高い。

大仏殿《だいぶつでん》から二月堂へ行くには、手向山八幡宮《たむけやまはちまんぐう》の鳥居をくぐって参道を進めばよい。また、大仏殿の北側から塔頭《たっちゅう》の土塀に挟《はさ》まれた「裏参道《うらさんどう》」と呼ばれる石畳の小径は心が和《なご》むルートだ。このあたりは、作家の司馬遼太郎《しばりょうたろう》や写真家の入江泰吉《いりえたいきち》などが好んだことでも知られている。

西向きに建つため、日にちや時間で光の具合が変わり、建物の趣が異なる

夕暮れ時の雰囲気がとくによい裏参道界隈

二月堂下にある閼伽井屋(あかいや)の井戸

南側の石段には亀甲や青海波が陰刻される

大仏殿や大和の街が望める二月堂の欄干から

不《ふ》空《くう》羂《けん》索《さく》観《かん》音《のん》立《りゅう》像《ぞう》・伝《でん》日《につ》光《こう》菩《ぼ》薩《さつ》立《りゅう》像《ぞう》・伝《でん》月《がつ》光《こう》菩《ぼ》薩《さつ》立《りゅう》像《ぞう》

【不空羂索観音立像（中央）】国宝・奈良時代・脱活乾漆造。像高は3.62m。唐草透かし彫りの光背と第三の目、８本の腕を持つ。

合掌した第一の手には「願いを意のままに叶える」とされる水晶の如意宝珠（にょいほうじゅ）をしのばせている。それ以外の手はバランスよく配され、錫杖や未敷蓮華（蓮のつぼみ）、羂索を持っている。

「羂索」とは、古来インドで使用されていたという投げ縄のような狩猟道具のこと。それを使って衆生をもれなく救うと信じられている。ちなみに「不空」とは「(願いは）空しくない」という意味である。

不空羂索観音立像は、麻布を漆で張り、固める脱活乾漆という技法で作られている。これは大変に手間のかかる工法で、奈良時代にしか採用されなかった。

さまざまな宝飾を身につけた姿は、当時の技法の高さも証明している

伝月光菩薩立像・国宝・塑造、彩色。高さ206.8㎝。帝釈天だったとも推測されている

伝日光菩薩立像・国宝・塑造、彩色。高さ206.3㎝。梵天だった可能性も高い

法華堂《ほっけどう》（国宝）は、八世紀半ばに建てられたとされる、東大寺でもっとも古い御堂《みどう》である。旧暦の三月に法華会が行われることにちなみ、「三月堂《さんがつどう》」とも呼ばれている。正面五間《けん》、側面八間と奥行きが深い。手向山八幡宮《たむけやまはちまんぐう》と二月堂《にがつどう》の間に、南を向いて建つ。

法華堂は、「天平仏《てんぴょうぶつ》の宝庫」と称される通り、唯一つ北向きに祀《まつ》られている秘仏執金剛神立像《しゅこんごうしんりゅうぞう》をはじめ、四天王《してんのう》や金剛力士《こんごうりきし》など十六体もの仏像が、ずらりと南を向いて並んでいる。

その仏群の中心、八角形二重の須弥壇《しゅみだん》に堂々と立っているのが、本尊の不空羂索観音立像である。

本尊の脇士《わきじ》には、涼しげな表情の伝日光菩薩立像と伝月光菩薩立像。他の仏像が大きく躍動的であるためか、その清廉《せいれん》な印象は堂内で際立って見える。

法華堂（三月堂）拝観料五〇〇円。四～九月は七時三〇分～一七時三〇分、十月は七時三〇分～一七時、十一～二月は八時～一六時三〇分、三月は八～一七時。
秘仏執金剛神立像は良弁忌（十二月十六日）のみ開扉。

多聞天立像・国宝・奈良時代。東北に安置。164.5㎝。右手のひらに載せた宝塔を高々と掲げ、左手に剣を握る

広目天立像・国宝・奈良時代。西北に安置。162.7㎝。右には筆、左手には巻子をもつ。目を細め、威圧的な表情

四天王像《してんのうぞう》と戒壇院《かいだんいん》

鑑真和上《がんじんわじょう》ゆかりの戒壇堂で天平《てんぴょう》彫刻の精粋《せいすい》と出会う

大仏殿《だいぶつでん》の西側は、鹿が下草を食む、のどかな界隈《かいわい》である。中門《ちゅうもん》から五分程歩けば、右手に戒壇堂への急な石段が現れてくる。

現在、戒壇院という地区には千手堂《せんじゅどう》と戒壇堂だけが残っている。創建当時は、回廊《かいろう》や講堂《こうどう》、金堂《こんどう》、僧《そう》坊《ぼう》などがあり、そこだけで小さな寺院のようだったという。また、全国から僧侶の弟子たちが戒律《かいりつ》を受けに集まり、東大寺の他のエリアとは少し異なる雰囲気を醸《かも》しだしていたともいわれている。

戒壇院とは、仏道を行く人が守るべき戒律を授かる、厳粛な儀式を行う場のことだ。東大寺の戒壇院は、日本に初めて戒律を伝えるために唐《とう》から来日した鑑真和上が、唐招提寺を開く前に設けられた。天《てん》平勝宝《びょうしょうほう》六（七五四）年、大仏殿前に臨時の戒壇を設け、聖武太上《しょうむだじょう》天皇をはじめとする四百四十人が日本で初めて受戒《じゅかい》したとされている。

持国天立像・国宝・奈良時代。東南に安置。160.6㎝。右手に剣をもち、目を力強く見開き、睨みを利かす。口はへの字に結んでいる

増長天立像・国宝・奈良時代。西南に安置。165.4㎝。中国古来の武器「戟」を右手に、両目を大きく見開いた憤怒の形相

翌年、その土を移して、この場所に戒壇院が建てられた。三度の火災に遭い、現在の戒壇堂は享保《きょうほう》十七（一七三二）年に再建されている。建物は正方形で、堂内には二重の壇が築かれている。その中央には多宝塔《たほうとう》が祀《まつ》られ、戒壇堂の四天王像が塔を守るように四方角を固めている。

四体は、それぞれ個性のある写実的な表情をもった、粘土造りの塑像《そぞう》である。色彩は落ちてしまっているものの、目立った破損もない。

なおこの四天王像は、最初から戒壇堂にあったわけではなく、ほかの堂から移されてきたものだと推測されている。ただし、もとの安置場所は特定できない。法華堂《ほっけどう》の伝日光《でんにっこう》・月光菩薩立像《がっこうぼさつりゅうぞう》などと作風がよく似ていることから、経緯が類推《るいすい》されている。

戒壇堂　拝観料五〇〇円。四〜九月は七時三〇分〜一七時三〇分、十月は七時三〇分〜一七時、十一〜二月は八時〜一六時三〇分、三月は八〜一七時。

大仏の鋳《ちゅう》造《ぞう》方《ほう》法《ほう》

安《あん》泰《たい》・繁《はん》栄《えい》祈《き》願《がん》から造立された世紀の大事業

天平《てんぴょう》十五（七四三）年に、聖武《しょうむ》天皇は紫香楽宮《しがらきのみや》で大仏造立の詔《みことのり》を発令し、全国から多くの人びとを集めたという。造立長官についた国中連公麻呂《くになかのむらじきみまろ》が総指揮をとり、高市大国《たけちのおおくに》ら優秀な鋳仏師《ちゅうぶっし》たちが鋳造にあたったとされている。その人数は、記録には九十万人の職人を含む、百二十六万人とある。当時の人口の約半分が関わった大事業だった。使用された銅約五〇〇トン、錫《すず》約八・五トン、水銀約二・二トン。金は四四〇キロに及んだという。多くの資材、人手を投じ、約十年の年月をかけ、金色に輝く巨大な仏像は造られた。それは、高度に発達した分業によって実現した、巨大プロジェクトだったといえよう。

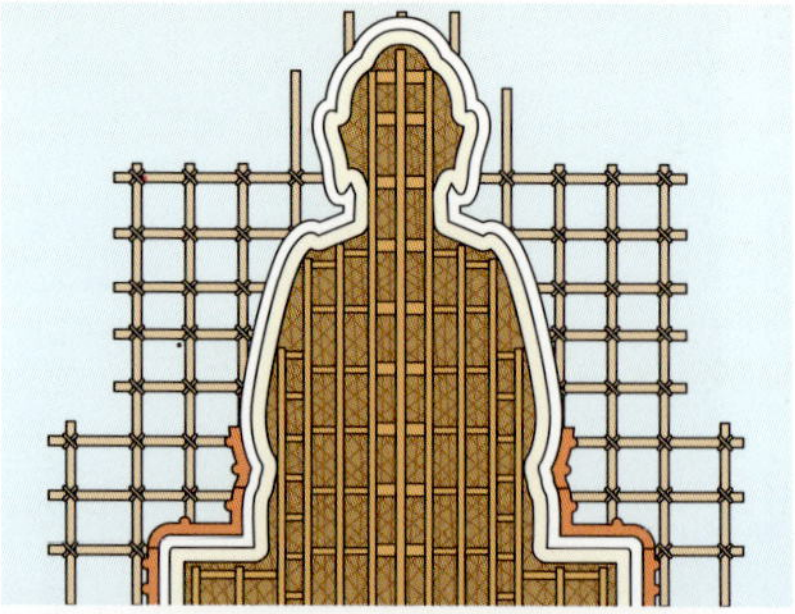

作業は大仏を安置する、その場所で行われた。強固な土台に、木材や竹を用いて大仏の骨組みを形作り、ワラなどを混ぜた粘土や鋳物土を重ねづけする。乾いたら漆喰を塗って大仏の原型を作る

原型に合わせて外型を作り、一旦はずして原型の表面を３～５㎝削り取る。再び外型を戻し、そのすき間に約1000度で溶かした銅を流しこむ。盛り土で補強し、頭部までこの作業を繰り返す

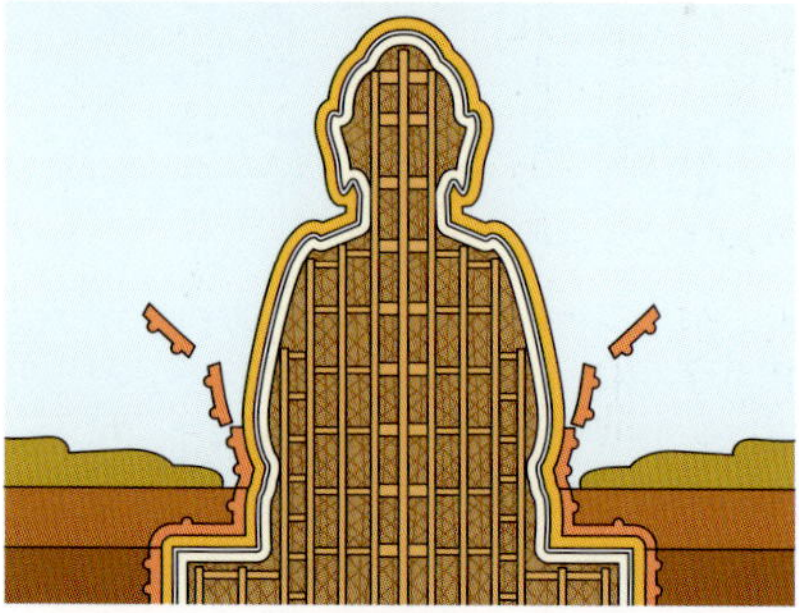

仕上げは盛り土と外枠を剥がし、銅の付き具合を均一にする。この作業だけで５年を要した。螺髪をつけ、最後に全身に鍍金を施した

大湯屋《おおゆや》

僧侶のみならず、大仏殿再建時には職人たちの心身も癒《いや》した

非公開の大湯屋内部。３分割され、内部西側には吹き放しの土間が、中央は板敷、鏡天井の浴室前室がある。写真は東側にある浴室の様子。鉄湯船の口径は、231㎝。高さは76㎝

大湯屋とは、風呂のことである。浴室や湯屋は大寺院の伽藍《がらん》のひとつであり、東大寺では奈良時代に「温室院《おんしついん》」として創建された。その後、再建や改築が行われているが、現存の大湯屋は延応《えんおう》元（一二三九）年に大改築されたものといわれている。

二月堂裏参道を南に折れ、屋根にある煙抜きの櫓が目印

中世の湯屋の様子がうかがえるこの貴重な建物は、西に面した入母屋《いりもや》造りで、東側は切妻《きりづま》造りの本瓦葺きである。正面幅は約九メートル、側面一四・五メートルの長方形。飾り気のない実用的な造りが味わい深い。

季節の風景と行事

天《てん》平《ぴょう》の栄華を彷《ほう》彿《ふつ》させる境内

夏の「万燈供養会」 毎年８月15日に、大仏殿前の参道と大仏殿への階段に2000基余りの燈籠が、それぞれ４つのろうそくを揺らして並ぶ。大仏の蓮華座にも燈明が点り、幻想的な雰囲気となる。当日、17時30分に一度大仏殿が閉門されるが、燈籠に火がつき、19時に再度開門。桟唐戸の開扉は、19～22時

秋の鹿 東大寺や興福寺の境内などを含む、広大な敷地の奈良公園。一帯は、国の天然記念物に指定されている鹿の生息地となっている。毎年10月中旬には、奈良の秋の風物詩といわれる勇壮な鹿の角きり行事が奈良公園内鹿苑にて一般公開される。角きりは寛文11（1671）年、興福寺ではじまったという

冬の裏参道　近年奈良には雪が少ないという。しかし、年に数回はうっすらとけがれを覆いかくすような薄化粧が施される。それは、お水取りの頃が多いらしい。二月堂食堂に立て掛けられている長い竿は、練行衆が上堂する際の道明かりとして連日使われている松明用の竹。お水取りが終わると、大和に春が訪れるといわれている

●東大寺の主な法要と年中行事

1月1〜3日	元旦・三が日（大仏殿・二月堂）
1月7日	修正会（大仏殿）
2月3日ごろ	節分会・星祭り（二月堂）
3月1〜14日	修二会（二月堂）
4月8日	仏生会（大仏殿）
5月2日	聖武天皇祭（大仏殿）
5月3日	山陵祭（大仏殿・佐保御陵）
7月5日	俊乗忌・秘仏開扉（俊乗堂）
7月28日	解除会（大仏殿）
8月7日	大仏お身拭い（大仏殿）
8月9日	およく（二月堂）
8月15日	万燈供養会（大仏殿）
9月17日	十七夜・十七夜盆踊り（二月堂）
10月5日	転害会
10月15日	大仏さま秋の祭り（大仏殿）
12月14日	仏名会（二月堂）
12月16日	良弁忌・各堂の秘仏開扉（開山堂） 執金剛神立像特別開扉（法華堂）
12月31日	除夜の鐘（鐘楼）

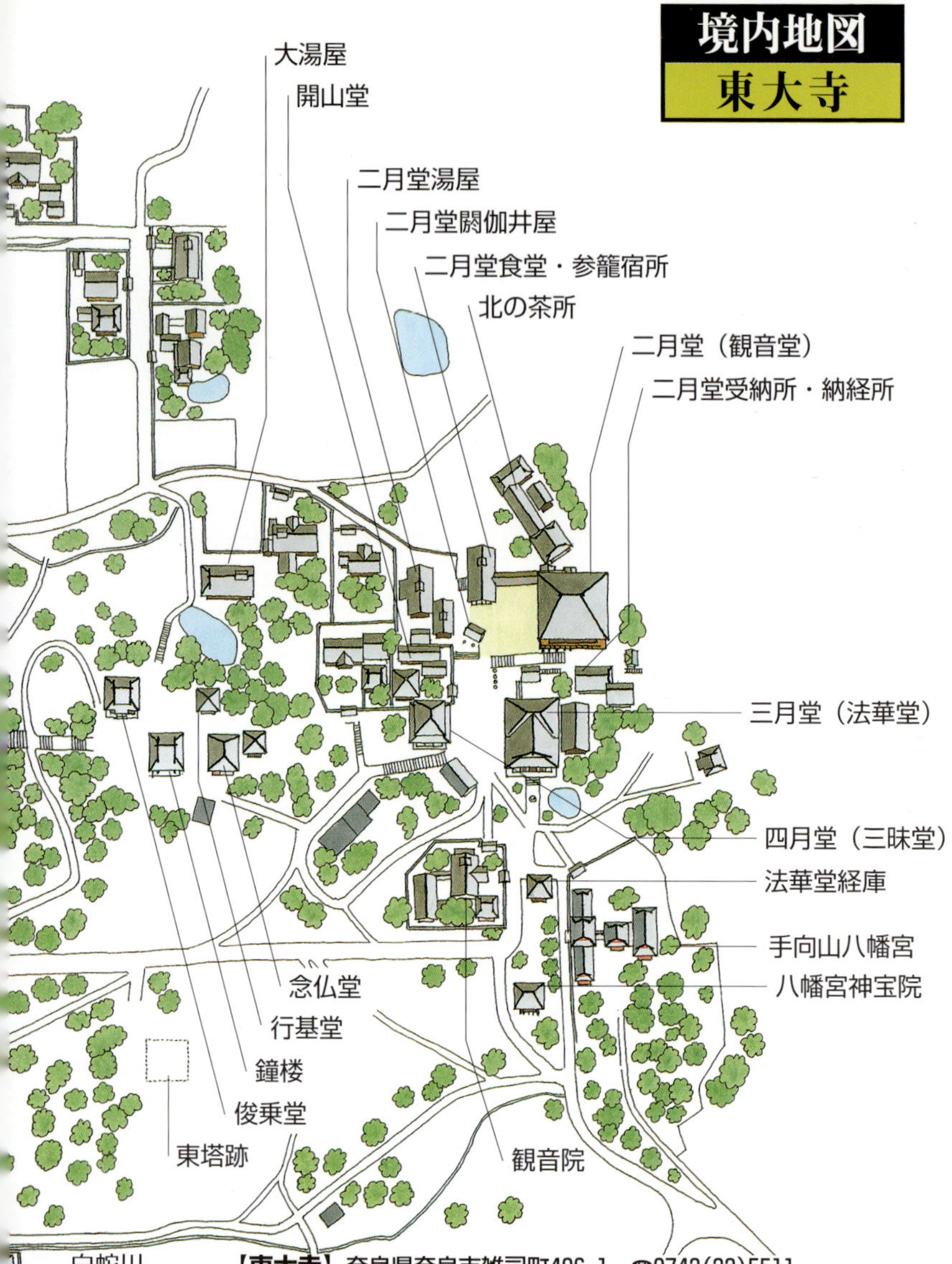

【東大寺】奈良県奈良市雑司町406-1、☎0742(22)5511、拝観料大仏殿・法華堂（三月堂）・戒壇堂各500円、11～2月は8時～16時30分、3月は8～17時、4～9月は7時30分～17時30分、10月は7時30分～17時、近鉄奈良駅から徒歩15分、JR・近鉄奈良駅から市内循環バス「大仏殿春日大社前」下車徒歩5分。
http://www.todaiji.org/

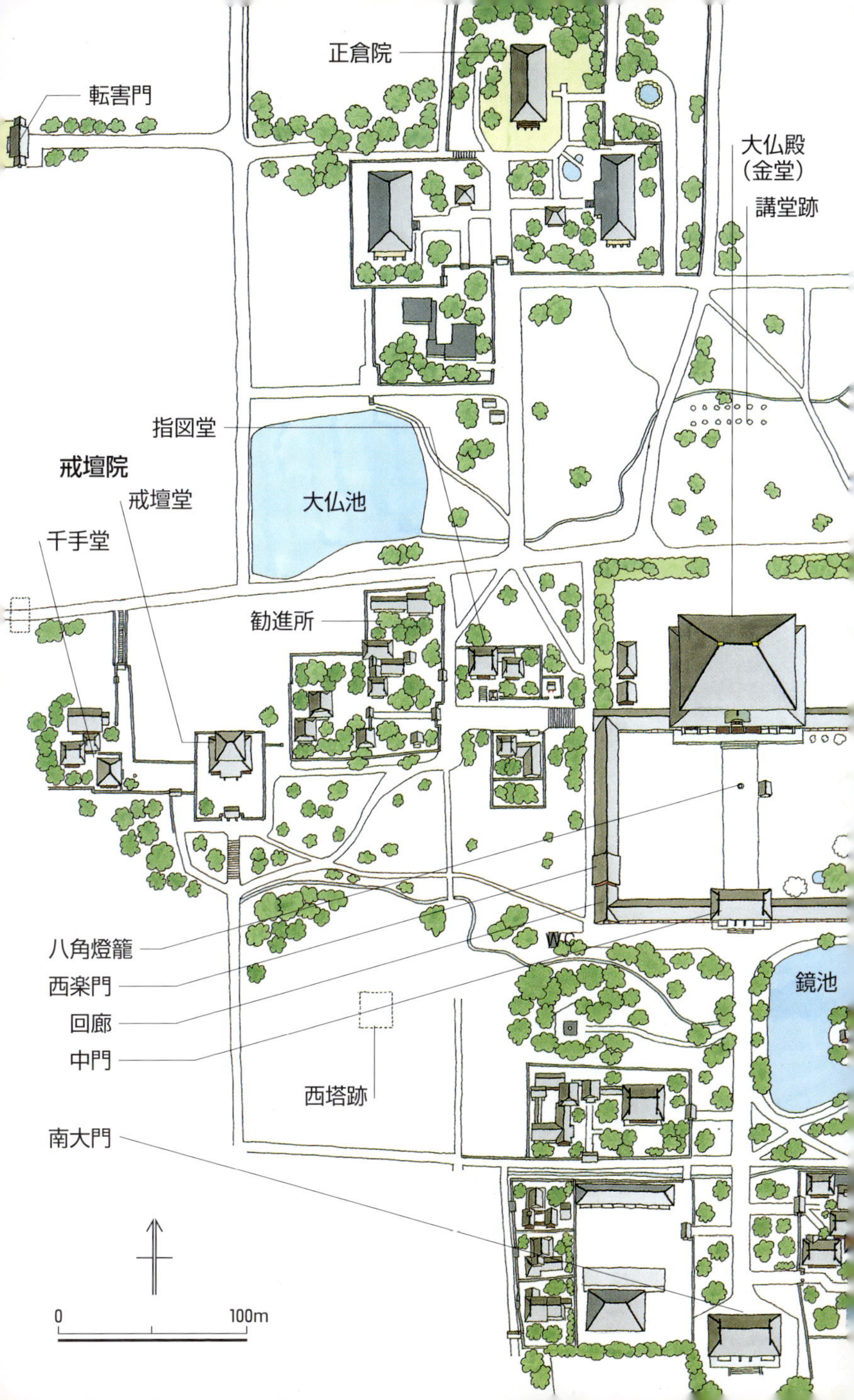

正倉院
転害門
大仏殿
（金堂）
講堂跡
指図堂
戒壇院
戒壇堂
大仏池
千手堂
勧進所
八角燈籠
西楽門
回廊
中門
西塔跡
南大門
鏡池
WC
0
100m

奈良公園《ならこうえん》

壮大な敷地に自然と歴史が息づく

東大寺、春日大社、奈良国立博物館などを抱く、総面積約六六〇万平方メートルの公園。若草山を背景とする芝生に覆われた飛火野《とびひの》をはじめ、浮《うき》見堂《みどう》を水鏡に映す鷺池《さぎいけ》、馬《あ》酔木《しび》の原生林が緑のトンネルをつくるささやきの小径など、多くの表情を持つ国の名勝である。

鷺池と六角形の浮見堂

鹿は神の使いとされる

【奈良公園】地図P206D2
☎0742・22・0375（奈良公園管理事務所）

若草山《わかくさやま》

新年の祭典、山焼きで有名な、奈良のシンボルのひとつ

標高三四二メートル。菅笠《すげがさ》を三つ、重ねたような山容からかつては「三《み》笠山《かさやま》」とも呼ばれていた。若草山の奥に広がる春日山原始林は、世界遺産に登録されている貴重な自然区域だ。

【若草山】地図P206D2
奈良市春日野町若草山、☎0742・22・0375（奈良公園管理事務所）、入山できるのは例年3月下旬～6月中旬。詳細は管理事務所まで。入山150円

毎年、成人の日の前日に行われる若草山の山焼き。春日大社、興福寺、東大寺の領地争いがその起源といわれる。冬の夜空に花火が打ち上げられた後、約33万㎡の全山に火が放たれる。真っ赤な炎が山を包む光景は壮観だ

興福寺《こうふくじ》　魅惑の阿修羅像《あしゅらぞう》を安置する

法相宗《ほっそうしゅう》の大本山。奈良時代には南都四大寺、平安時代には南都七大寺のひとつとして栄え、鎌倉時代以後は大和守護職となった。現存するなかでは京都の東寺《とうじ》に次ぐ高さの五重塔（国宝）は約五〇メートル。

【興福寺】地図P207B2
奈良市登大路町48、☎0742・22・7755、（国宝館）拝観9時～16時30分・500円、（東金堂）拝観9時～16時50分・300円、境内自由

南円堂（重文）。西国三十三所第九番札所。各連子窓の内側に八祖絵像を安置

春日大社《かすがたいしゃ》　興福寺と縁の深い華やかな神社

春は、藤の花が咲き誇り、二月の節分の日と八月十四・十五日の夜には、石燈籠《いしどうろう》二千基と回廊《かいろう》などの釣《つり》燈籠約千基のすべてを灯す「春日万燈籠」が行われる。また十月には、勢《せ》子《こ》と鹿の攻防戦が見ものの「鹿の角きり」も実演する。

【春日大社】地図P206D2
奈良市春日野町160、☎0742・22・7788（「鹿の角きり」は奈良の鹿愛護会☎0742・22・2388）、拝観（宝物殿・神苑ともに）9～16時、宝物殿420円・神苑525円、宝物殿は年4回休み・神苑月曜定休、鹿苑「鹿の角きり」600円

春日大社は、藤原氏ゆかりの奈良屈指の藤の名所としても知られている。1万㎡の神苑には、20品種200本もの藤が植えられている。GW頃が見頃だ

奈良《なら》国立《こくりつ》博物館《はくぶつかん》

日本に三館ある国立博物館のうちの一館。社寺からの寄託品千八百余点を含む多数の仏教美術を中心に約千三百点収蔵している。毎年秋に開催される「正倉院《しょうそういん》展」が有名。

【奈良国立博物館】地図P206C2
奈良市登大路町50、☎0742・22・7771、入館9時30分～16時30分（例年4月下旬～11月の毎週金曜日は～18時30分、正倉院展期間中は料金とも異なる）、月曜休館（祝日の場合は翌日）、常設展420円

石造りの本館は、明治中期を代表する建物。片山東熊の設計で国の重文指定

奈良《なら》市《し》写真《しゃしん》美術館《びじゅつかん》

寺院を思わせる瓦屋根が斬新な印象の建物は、建築家・黒川紀章によるもの

故・入江泰吉《いりえたいきち》は、半世紀にわたり大和路や仏像などを撮影した、奈良を代表する写真家。ここは氏の作品約八万点を収蔵する美術館。館内には写真関連の図書室もある。

【奈良市写真美術館】地図P206D3
奈良市高畑町600-1、☎0742・22・9811、入館9時30分～16時30分、月曜（祝日の場合は翌日）・祝日の翌日（土日は開館）休館、入館500円

観光《かんこう》人力車《じんりきしゃ》 えびす屋《や》

人力車に乗って奈良公園周辺にある名所や町並みを、優雅に見て回ることができる。乗り心地も抜群。要望により「一日観光」や「三十分」、「お試し」などのコースが選べる。車を引く男性陣も威勢がよく、名所ガイドもしてくれる。

人気のお試しコースは、2名で3000円

【えびす屋奈良店】地図P206D2
乗り場／東大寺南大門・猿沢池のほとり・県庁前の交差点あたり、☎0742・22・9123、10～18時頃（冬期は日没まで）、荒天候以外は営業、30分コース2名8000円、1時間コース2名1万5000円ほか

志《し》賀《が》直《なお》哉《や》旧《きゅう》居《きょ》

『暗夜行路』が生まれた場所

作家・志賀直哉が自ら設計した邸宅。武者小路実篤《むしゃのこうじさねあつ》や小林秀雄《こばやしひでお》をはじめ、多くの文人画人が集まったというこの邸宅は「高畑《たかばたけ》サロン」とも呼ばれていた。当時、進歩的といわれたガス湯沸かし器や子供用のプールまである。ハイカラでモダンを好んだ文豪の生活がうかがえる。

外は和風、中はモダン

落ち着いたサンルーム

【志賀直哉旧居】地図P206D3
奈良市高畑大道町1237-2、☎0742・26・6490、入館9時～17時15分（11～2月は～16時15分）、木曜定休（祝日の場合は前日）、入館350円

たかばたけ茶論《さろん》

野鳥のさえずりを聞きながらテラス席で憩《いこ》う

画家の中村一雄《なかむらかずお》氏が、南プロバンス風の自宅の庭を開放して開いたガーデン喫茶。大正初期に建てられたというこの建物は、国の登録文化財である。

場所は志賀直哉旧居の隣り。春日大社から「ささやきの小径」という緑のトンネルを抜けてくるのがおすすめだ。

創業21年目。コーヒーは550円、紅茶650円、日替わりのケーキ650円

高畑は、文人や画家が好んで居を構えた地である。

一雄氏の父、義夫《よしお》画伯も白《しら》樺《かば》派《は》が集う高畑サロンのメンバーだったという。

今もモダンな雰囲気

六十席が設けられた約二〇〇坪の庭は、樹齢百年を越すヒマラヤ杉の涼しげな木陰がある。初夏には鈴なりの「杉ぼっくり」を見上げながらお茶を楽しむ人も多いそうだ。

【たかばたけ茶論】地図P206D3
奈良市高畑大道町1247、☎0742・22・2922、11～18時、火・水曜（祝日の場合は翌日）・年末休み・元旦から営業

ならまち格子《こうし》の家

昔ながらの風情を味わう町並み

元興寺《がんごうじ》の門前町として栄えた奈良町には、今も「格子」がついた家が多く立ち並ぶ。「ならまち格子の家」は、伝統的な奈良町の「町家」を細部まで再現した施設である。町民の暮らしぶりや昔の生活様式をうかがうことができる。

なお格子とは、外からの目隠しで、内部からは外がよく見えるハーフミラー効果を持った室町時代からあるとされる建築手法。風や音をよく通し、火災時には、すぐに取り外すこともできるそうだ。

【ならまち格子の家】地図P207B3
奈良市元興寺町44、☎0742・23・4820、入館9時～16時45分、月曜（祝日の場合は翌日）・祝日の翌日（土・日曜除く）・12月26日～1月5日休み、入館無料

入口が狭く、奥行が深い、町家造りの典型

箱階段や明かりとりなど、独特の造り

なら工藝館《こうげいかん》

奈良の工芸品が一堂に会する

1階の常設展示室。陶芸や鹿角細工、秋篠織など、職人技が冴える多彩な工芸品を目にすることができる

漆器や一刀彫り、赤膚焼《あかはだや》き、古楽面《こがくめん》、筆、墨といった、奈良の伝統工芸品を展示する施設。資料室もある。

【なら工藝館】地図P207B3
奈良市阿字万字町1-1、☎0742・27・0033、入館10時～20時30分、月曜（祝日の場合は翌日）・祝日の祝日（土日・祝日の場合を除く）・12月26日～1月5日休み、入館無料

庚申堂《こうしんどう》 愛らしい鈴なりの猿が目印

古くから、病気や災難などの災いを人間に代わって引き受けてくれるという「身代わり猿」で知られている、庚申信仰の拠点。関西地方で「庚申さん」と呼び親しまれている青面金剛《しょうめんこんごう》像の他、吉祥天女《きっしょうてんにょ》は、奈良町資料館で見られる。

【庚申堂】地図P207B3
奈良市西新屋町

民間信仰が支えるお堂。「身代わり猿」の背中に願い事を書いて吊るせば願いが叶うとか

奈良町資料館《ならまちしりょうかん》 生活者の視点から奈良町を知る

さまざまな猿たちが出迎えてくれる。庚申堂で有名な「身代わり猿」が買えるのは、全国でもここだけだ

奈良町に関する、古美術や生活文化を今に伝える私設の資料館。野菜やキセルなどが描かれた昔の絵看板や、奈良の観光ポスターなど、展示品が豊富で見ていて飽きない。

【奈良町資料館】地図P207B3
奈良市西新屋町14、☎0742・22・5509、入館10～16時、月曜（祝日の場合は翌日）・12月30日～1月1日休み、入館無料

奈良町界隈でよく見かける「身代わり猿」のルーツは敦煌《とんこう》にあり、シルクロード経由で日本に伝わった可能性が高いという。

中国で猿は、悪魔退散のお守りとされていたそうだ。

シルクロードから中央アジアを通り、そしてインドまで旅をしたという、かの玄奘三蔵《げんじょうさんぞう》も、馬の鞍《くら》に「身代わり猿」をつけていたと伝えられている。

「身代わり猿」は赤が主流だが、時折青い猿も見かける

野《の》の花《はな》　黄《おう》花《か》

ナチュラルで居心地のいい空間

カフェでは、ブレンドか紅茶がついた日替わりケーキセット750円が人気

入口すぐが、野の花の寄せ植えや、世界中から取り寄せた雑貨が並ぶセレクトショップ。清楚な野の花の鉢植え（三〇〇〇円前後）をメインに、シルクや麻のストール、漆器類などの雑貨が充実している。

その奥は、壁をギャラリーにしたウッディーな喫茶スペース。さらに進んだ奥にも、モデルガーデン内にオープンカフェが設けられている。

【野の花　黄花】地図P207B3
奈良市中新屋町13、☎0742・22・1139、11～17時、月曜・年末年始休み

そば処《どころ》　観《かん》

地元でも人気の店

奈良公園の南側、高畑エリアにある、一九六八年創業の老舗のそば処。地元でも「そばといえば、ここ」という人が多い人気店だ。ほとんどの来店客が頼むのは、内容充実の「観定食」。信州産の二八そばは、ざるで六五〇円。温かいか冷たいかを選べるとろろそばは七五〇円。

【そば処　観】地図P206D3
奈良市東大路町731、☎0742・22・0602、10時30分～16時・16時30分～20時、水曜・年末まで営業・年始休み

温かいそばに天麩羅、季節の小鉢などがつく観定食（1500円）

壁一面に飾られた、江戸末期の約1300個の伊万里の器。１階には座敷10席、カウンター７席がある

あしびの郷《さと》

タイムトリップして奈良の味を

奈良漬けの老舗が営む、複合飲食店。奥行きの約六〇〇坪の敷地は、江戸時代の町家や蔵を改築した、さまざまな空間で構成されている。

店先では、常時百種類近い季節の漬物を中心に、奈良ざらしの作務《さむ》衣《え》や赤《あか》膚《はだ》焼《やき》など、奈良町ならではの作品も展示販売している。また、ショップの奥にある座敷席と蔵座敷、池や石畳を備えたガーデン席などでは、食事や喫茶を楽しむことができる。

漬物は350円～

池を備えた前庭のテラス席。生駒山に沈む夕日を望みつつ、食事や喫茶が楽しめる

人気のおつけもの御膳1200円

【あしびの郷】地図P207B3
奈良市脇戸町29、☎0742・26・6662、10時～日没、元旦・台風以外無休

食とギャラリー、ショップ、工房空間をもつあしびの郷。蔵を改築した座敷もある

寿司小屋《すしごや》

気のいい大将が握る豪快な寿司

秋から春まで登場する、脂の乗ったサバ寿司（8貫1500円）が絶品

特上握りは、アワビにウニ、トロやウナギなどが盛られて二五〇〇円。この店の気前と居心地の良さに惹かれるリピーターは多い。また寿司以外の串カツや、季節の小鉢の味にも定評がある。酒（一合五〇〇円～）は、すべて奈良の地酒だ。

【寿司小屋】地図P207A2
奈良市三条宮前町1-20、☎0742・33・4526、11時30分～14時・17～24時、月曜・年末年始休み

酒房《しゅぼう》　蔵乃間《くらのま》

歴史ある空間で奈良の地酒を

約百四十年前の町家を改築した、落ち着いた雰囲気の和食と酒の店。間接照明にほのかに照らされる、「蔵」をイメージした店内では、和牛サーロインのステーキ（四〇〇〇円、二人前七〇〇〇円）や中トロ造り（三〇〇〇円）などが味わえる。奈良の地酒はもちろんのこと、「蔵」にちなんだ名前を持った、龍神蔵や石蔵（各一〇〇〇円）といった焼酎も豊富に揃う。

【酒房　蔵乃間】地図P207B3
奈良市下御門町43、☎0742・20・4400（「江戸川」共通）、17〜23時、無休

写真上／店内に入ると、ウエイティングラウンジと「蔵」への扉が現れる。1階はカウンター10席、2階には15名までの個室がある

写真右／奈良の地酒「豊祝大吟醸」(1500円)と活あわびのあぶり焼き(3000円)

梁山泊《りょうざんぱく》

旬を味わう素朴な料理

甘鯛桜蒸し（七五〇円）やアワビステーキ（二五〇〇円）など、盛りつけにも工夫を凝らした和食が自慢。北陸直送「のどくろ」の塩焼き（一八〇〇円）や、かに身甲ら焼き（九〇〇円）など、備長炭で香ばしくあぶられた旬の料理は、特に酒との相性がいい。女将《おかみ》や板さんが選りすぐった日本酒や焼酎の地酒以外に、泡盛の名酒も多数揃っている。

8名掛けテーブルが5席。奥のカウンター10席。2階は2〜25名の座敷

【梁山泊】地図P207B3
奈良市西城戸町13、☎0742・26・2523、17時〜23時30分、不定休

万《まん》葉《よう》団《うち》扇《わ》

古都の優美さが団扇をかざる

最近、奈良の土産物として注目を集めているのがこの「万葉団扇」だ。着物の染め付け時に使われる型で、吉野紙という和紙を切り抜いた模様が清楚で美しい。奈良国立博物館の売店などでも購入することができる。

【万葉団扇（奈良ホテル売店）】
地図P206C3
奈良市高畑町1096、☎0742・26・3300、7時30分～20時

奈良の風物をモチーフにした柄は、常時7～8種類ほど揃う。1本2000円

田《た》村《むら》青《せい》芳《ほう》園《えん》茶《ちゃ》舗《ほ》

「たべるお茶」（20ｇ600円）

お茶を焙じる芳ばしい香りが漂う老舗の茶舗。焙じた茶葉はゆっくり冷まし、味を落ち着かせてから販売するという。大和上煎茶は七〇グラム八〇〇円。寺院などで食されてきたという茶粥《ちゃがゆ》のための茶も、「茶粥セット」（五〇〇円）として販売。パッケージもしゃれているので、土産にも人気がある。

【田村青芳園茶舗】地図P207B3
奈良市勝南院町18、☎0742・22・2833、9時～18時30分、水曜・年始休み

漢《かん》方《ぽう》薬《やく》　菊《きく》岡《おか》

元暦《げんりゃく》元（一一八四）年から続く、創業八百余年の伝統ある漢方薬店。生薬製剤二号方（六〇包、七〇〇〇円）や、陀羅尼助《だらにすけ》（一〇〇〇円～）、八つ目鰻《うなぎ》のキモ（一〇〇〇円～）など、漢方薬店ならではの商品が揃う。また、土鈴も土産物に人気だ。

【漢方薬　菊岡】地図P207B3
奈良市中新屋町3、☎0742・22・6611、9～19時、月曜・年末年始休み

500年以上三条通りで開業していたが、平成14年に奈良町へ移転した

東大寺・奈良市街
↑木津町
手貝町
鼓阪小
手貝町
転害門
東包永町
今小路町
東笹鉾町
御門町
知足院
正倉院
西宝庫
東宝庫
竜松院
宮内庁正倉院事務所
持宝院
竜蔵院
宝厳院
食堂跡
講堂跡
大仏池
芝辻町
宝珠院
今小路
指図堂
大仏殿（金堂）
大湯屋
中性院
二月堂
上之坊
開山堂
千手堂
惣持院
清涼院
俊乗堂
行基堂
三月堂（法華堂）
タマル
戒壇院
鐘楼
念仏堂
四月堂
東大寺
ニューわかさ
中門
観音院
手向山八幡宮
西塔跡
369
水門町
真言院
観学院
雑司町
油留木町
押上町
鏡池
合同庁舎
北林院
地蔵院
本坊
若草山
342
文化会館
立図書館
寧楽美術館
県警本部
奈良県立美術館
依水園
南大門
正観院
東大寺図書館
奈良ガーデン
むさし野
知事公舎
観光人力車えびす屋
奈良公園館
奈良県庁
吉城園
県庁東
奈良公園
氷室神社
観鹿荘
県庁前
氷室神社・国立博物館
奈良県新公会堂
大仏殿春日大社前
国宝館
奈良国立博物館
本坊
県新公会堂
東金堂
大湯屋
奈良国立博物館新館
五重塔
神苑
春日大社本殿
一の鳥居
春日大社表参道
菊水楼
江戸三
春日大社
大御堂
宝物殿
旅館四季亭
青葉茶屋
鹿苑
社務所
馬の目
旧春日大社板倉
荒池
二の鳥居
飛鳥荘
飛火野
浮見堂
ささやきの小径
ちセンター
奈良万葉団扇
鷺池
サンルート
瑜伽神社
裁判所分室
天理教会
169
天神社
春日野町
KKR奈良みかさ荘
大乗院庭園
極楽坊
中清水町
たかばたけ茶論
志賀直哉旧居
頭塔
破石町
福智院町
厚生年金飛火野荘
そば処 観
福智院
今西家書院
寺（塔跡）
興善寺
不空院
高畑町
香薬師堂
新薬師寺
奈良市写真美術館
第二地方合同庁舎
鏡神社
飛鳥小
奈良教育大付属小
高畑町
奈良教育大
N
0
200m
幸町
天理市↓
C
D
P

法蓮町
県法蓮庁舎
春日野荘
佐保川東町
木津
奈良高校前
佐保小前
佐保小
奈良育英高・中
法蓮仲町
法蓮橋
奈良育英小
佐保橋
佐保橋
佐保川
佐保川小
沢井病院
JR関西本線
北魚屋西町
北市町
奈良女子大
奈良県立大
船橋町
芝辻町
称名寺
内侍原町
崇徳寺
法務合同庁舎
大和西大寺
奈良市
白鹿荘
蓮長寺
西方寺
近鉄奈良
369
大和郡山市
奈良テニスクラブ
アジール
念仏寺
開化天皇陵
漢国神社
西照寺
ビブレ
奈良近鉄ビル
北円堂
大宮町
ダイエー
国際
奈良市観光センター
ワシントン
フジタ
三条通り
三重塔
NTT
寿司小屋
三井ガーデン
率川神社
本妙寺
もちいどの通り
なら100年会館
三条本町
奈良
三条局
伝香寺
三条町
椿井小
梁山泊
徳願寺
杉ヶ町
なら工藝館
あしびの郷
阿弥陀寺
時の資料館
大森町
生涯学習センター
大森跨線橋
奈良町資料館
JA会館
大森町
悲田院
小塔院
郡山
大森町
奈良県総合庁舎
奈良きもの会館
徳融寺
やすらぎの道
誕生寺
済美小
瓦町
称念寺
大安寺
県労働会館
JR桜井線
春日中
天理

奈良《なら》ホテル

明治四十二（一九〇九）年創業の名門ホテル。本館は和洋折衷の総檜造りで、創業時の姿を今に残す。皇室方や国内外の要人・著名人も宿泊した、一度は泊まってみたい宿だ。

奈良市高畑町1096／地図P206C3
☎0742・26・3300
S1万5400円〜／T2万4200円〜

三井《みつい》ガーデンホテル奈良《なら》

JR奈良駅西口に隣接。客室数三三〇と県内最大級の規模を誇る。大浴場や和洋のレストランなど、館内の施設も充実。一階には商業施設の集まったシルキア奈良もある。

奈良市三条本町8－1／地図P207A2
☎0742・35・8831
S8000〜／T1万2500円〜

菊水楼《きくすいろう》

かつて興福寺の境内だった場所に立つ、奈良有数の老舗旅館。本館は明治三十四（一九〇一）年築の木造三階建て、国の登録有形文化財だ。夕食の会席料理にも定評がある。

奈良市高畑町1130／地図P206C2
☎0742・23・2001
1泊2食3万円〜

橿原《かしはら》ロイヤルホテル

飛鳥エリアで最大のスケールを誇る。近鉄橿原神宮前駅から徒歩一分で、観光の拠点としてとても便利。和洋中の各レストランや、天然温泉を利用した大浴場（写真）もある。

橿原市久米町652－2／地図P139A1
☎0744・28・6636
S1万2000円〜／T2万5000円〜

ホテルフジタ奈良《なら》	奈良市下三条町47-1　☎0742-23-8111	S7000円～／T１万2000円～。繁華街・三条通りに面したモダンなシティホテル。
ホテルサンルート奈良《なら》	奈良市高畑町1110　☎0742-22-5151	S8800円～／T１万7000円～。奈良公園に近く、市内観光の拠点に最適。
奈良《なら》ロイヤルホテル	奈良市法華寺町254　☎0742-34-1131	S8800円～／T１万4300円～。客室には和室タイプも。天然温泉やサウナ、プールを完備。
春日《かすが》ホテル	奈良市登大路町40　☎0742-22-4031	1泊2食1万8000円～。奈良公園そばの和風宿。庭園露天風呂がついた大浴場がある。
Ｋ《ケイ》Ｋ《ケイ》Ｒ《アール》奈良《なら》みかさ荘《そう》	奈良市高畑町1224　☎0742-22-5582	１泊２食9000円～(税込み)。志賀直哉旧居の近くに立ち、枯山水庭園を持つ情緒豊かな旅館。
ホテル葉《はー》風《ふ》泰《たい》夢《む》	奈良市芝辻町2-11-1　☎0742-33-5656	S6800円～／T１万2700円～。宿泊は朝食付きの料金。備品も充実した機能的なホテル。
奈良《なら》グリーンホテル馬《あ》酔《し》木《び》	奈良市東向北町16-1　☎0742-26-7815	S5800円～／T9500円～。近鉄奈良駅から徒歩１分と便利。
四《し》季《き》亭《てい》	奈良市高畑町1163　☎0742-22-5531	１泊２食３万円～。季節の素材を使った懐石料理が味わえる創業約100年の老舗料理旅館。
観《かん》鹿《か》荘《そう》	奈良市春日野町10　☎0742-26-1128	１泊２食１万8000円～。東大寺南大門前に位置し、建物は東大寺の塔頭を移築したもの。
奈良《なら》国際《こくさい》ホテル	奈良市大宮町1-1-6　☎0742-26-6001	１泊２食１万2000円～。希望により食事なしの利用（１泊3800円～）も可能。
奈良《なら》ワシントンホテルプラザ	奈良市下三条町31-1　☎0742-27-0410	S6572円～／T１万1429円～。バリアフリー対応、資源節約を掲げる環境保全型ホテル。
奈良《なら》パークホテル	奈良市宝来4-18-1　☎0742-44-5255	１泊２食１万8000円～。露天風呂付きの浴場は天然温泉。平城京の宮廷料理を再現している。
橿原《かしはら》観光《かんこう》ホテル	橿原市久米町862　☎0744-22-3235	１泊２食１万5000円～。全室が和室。夕食では郷土料理の「飛鳥鍋」が食べられる。
橿原《かしはら》オークホテル	橿原市久米町神宮前905　☎0744-23-2525	S6800円～／T１万2000円～。全室にセミダブルサイズ以上のベッドを使用。

●本書で紹介した寺院周辺のホテル・旅館を中心に掲載しています。
●料金……ホテルの場合、S＝シングル、T＝ツインの室料（サービス料込み・税別）を表示しています。旅館や観光ホテルは１室２名利用時の１名あたりの料金です。
曜日・時期によって宿泊料金が異なる場合があります。

●次の見開きで「散策のヒント」にて紹介した物件や事項別の索引を掲載しています

索引

事　項　別

散策のヒント

あ

か

さ

た

な

は

◉写真
表紙写真＝井上博道
五木寛之撮影＝戸澤裕司
（本文写真撮影）
井上博道
戸澤裕司
入江泰吉／奈良市写真美術館
桑原英文
高津与志昭
共同通信社
飛鳥園
講談社写真部

◉取材＝鹿野貴司、山口 薫
◉編集＝浅間雪枝、中川明紀、牧山奈央
◉アートディレクター＝三村 淳
◉校閲＝木下昌晴
◉レイアウト＝建部真琴、三村 漢
◉境内地図＝松村 充
◉イラスト＝松村 充、伊藤卓也
◉地図制作＝ジェイ・マップ
◉協力＝室生寺、長谷寺、薬師寺、唐招提寺、
秋篠寺、法隆寺、中宮寺、法輪寺、飛鳥寺、當麻寺、
東大寺、文芸企画、テレビ朝日、ViViA、松平雅之、
松本圭司、村田 浩

五木寛之の
百寺巡礼
ガイド版
第一巻
奈良

N.D.C　290　214P　19cm

2003年6月30日　第1刷発行

監　修　　五木寛之
編　集　　講談社 学芸局
発行者　　野間佐和子
発行所　　株式会社　講談社
〒112-8001
東京都文京区音羽2-12-21
電話　　編集部　03-5395-3516
販売部　03-5395-3622
業務部　03-5395-3615
印刷所　　大日本印刷株式会社
製本所　　大口製本印刷株式会社

●本書の記事は、2003年6月10日現在のものです。
定価はカバーに表示してあります。

ISBN4-06-274081-8

~MEMO~